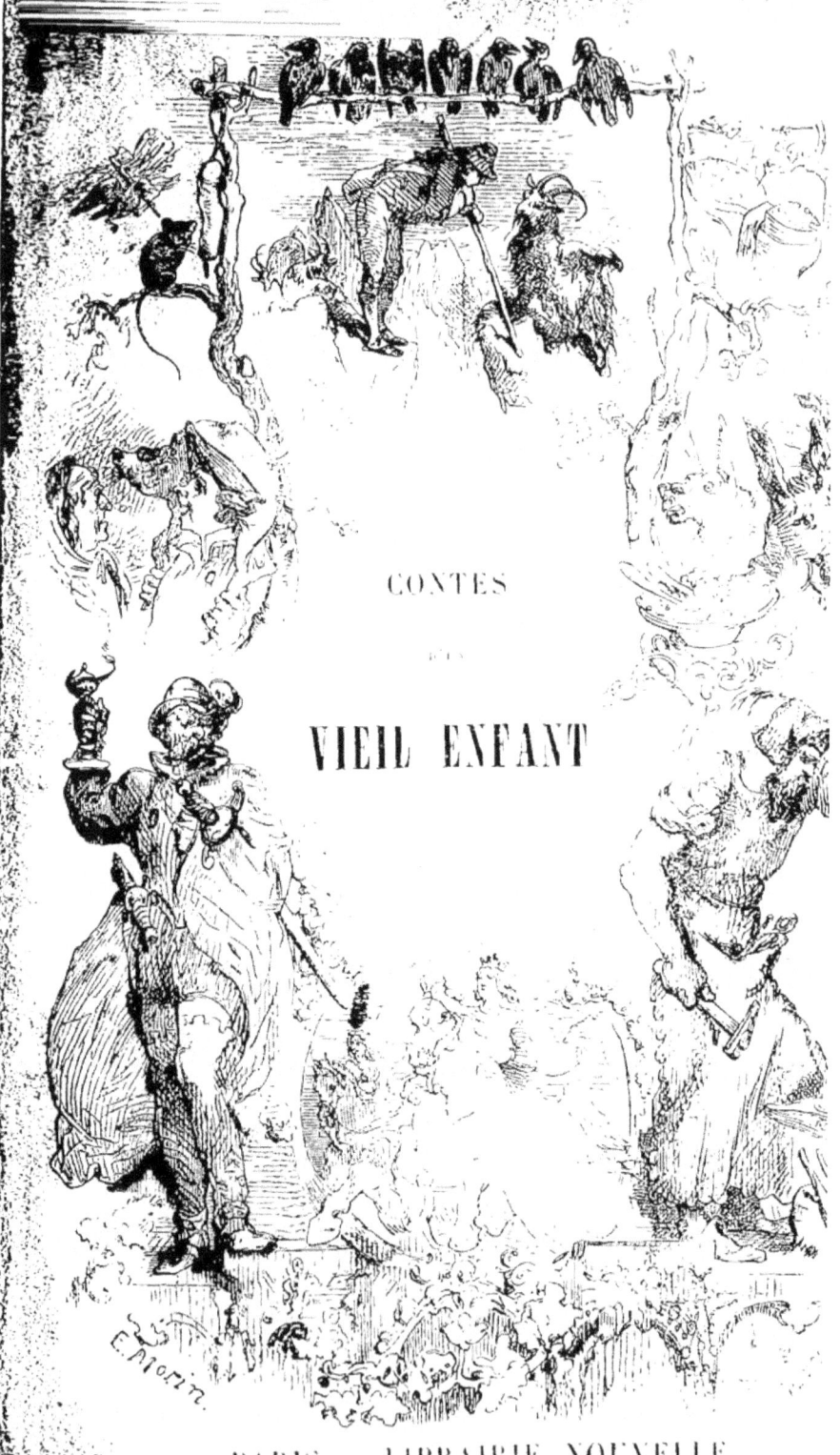

CONTES
DU
VIEIL ENFANT

PARIS. — LIBRAIRIE NOUVELLE
15, BOULEVARD DES ITALIENS
A. BOURDILLIAT ET C⁽ᵉ⁾, ÉDITEURS

CONTES

D'UN

VIEIL ENFANT

Paris. — Imprimerie de la LIBRAIRIE NOUVELLE, A. Bourdilliat,
15, rue Bréda.

Alors, elle tire son petit couteau, met dans la serrure son petit doigt qui était juste de la grosseur
de la petite cheville qu'elle avait perdue, et le coupe.

CONTES D'UN VIEIL ENFANT

PARIS. — LIBRAIRIE NOUVELLE
15, BOULEVARD DES ITALIENS
1858

A MES ENFANTS

J'AVAIS amusé votre enfance de contes et de traditions populaires. Votre frère avait eu l'idée de jeter sur le papier quelques-uns de ces récits, tels qu'il les avait entendus. Aujourd'hui, vous songez à les faire imprimer, pour que d'autres enfants s'en amusent à leur tour. Imprimez : je ne m'y oppose pas. Quelque frivole apparence que puissent avoir de pareils récits, je n'ai pas, sur ce point, les scrupules de Charles Perrault.

L occupait une place assez importante, dans les lettres, à son époque. Il écrivit en prose et en vers, et soutint contre Despréaux, sur les anciens et les modernes, une lutte fort vive où il eut constamment l'avantage de la politesse et de la mesure, s'il n'eut pas celui du talent. Bon esprit, il eut du pittoresque dans l'imagination et dans la pensée, il ne lui en resta pas pour l'exécution. Sa prose est raisonnable, mais sans puissance; ses vers ne sont que de la prose rimée. Éminemment instruit, il avait plus de connaissances dans les arts et dans les sciences qu'aucun écrivain de son temps, et c'est probablement en ce sens que Diderot, qui exagérait tout, a cru pouvoir dire que cet homme était peut-être le seul de son siècle qui eût pu travailler à l'Encyclopédie, prétention que bien certainement n'eût pas eue Perrault lui-même. Eh bien! il est bizarre, mais il est vrai que de tous ses écrits, ses Contes, destinés à la première

enfance, bien que l'œuvre la plus frivole de cet auteur, sont encore demeurés sa production la plus populaire : douce immortalité que lui assurent les joies toujours nouvelles des générations renaissantes.

S'il se fût attendu à une gloire, ce n'est certes point à celle-là. On voit même qu'il eût eu pudeur à l'espérer, car il n'eut pas d'abord le courage de signer son charmant livre petit, et il le mit au jour sous le nom de son fils encore enfant. Le bon Perrault avait tort, à mon avis, car je ne sache rien de plus sérieux que d'intéresser et d'amuser ses enfants quand ils sont petits, comme de les instruire quand ils sont grands. Tous les moyens sont bons pour essayer de pénétrer les hommes d'affections douces et gaies, à quelque âge que ce soit, de les rendre au sentiment de la famille par l'exemple, au bon sens par le plaisir, à la nature par la raison, à la simplicité par le bon goût. Les contes et les fables se mêlaient aux luttes les plus vives du Portique et du Lycée, et Socrate, ce sage divin, près de boire la ciguë, composa des fables, ne croyant pas inutile de léguer aux hommes ce délassement de sa prison. Je soupçonne que je partagerais encore le plaisir extrême du bon La Fontaine si Peau d'Ane m'était conté. Je suis surtout bien loin des scrupules de certains esprits sévères qui trouvent ces contes trop futiles, même pour les enfants, et qui craignent qu'il ne leur en reste des idées fausses, de même qu'à la lecture des fables de La Fontaine. En vérité, je ne jurerais point qu'il ne se fût trouvé, dans mon enfance, un jour où je n'aie cru bien sincèrement à Maître Corbeau, et à Jean Lapin, au Chat Botté et au Petit Poucet. Dans tous les cas, ils m'ont infiniment diverti. La simplicité entraînante des contes de bonne femme de Perrault, où quelques traits délicats échappés à sa plume font sentir plus tard combien il est supérieur à ce qu'il écrit; le profond sentiment de la nature chez La Fontaine, sa puissance pittoresque et saisissante de style, sa foi naïve dans ses propres récits, expliquent à merveille que tous leurs personnages soient autant de réalités vivantes pour l'enfance. Où est le mal? Les chagrins de Sara-Marie à la lecture du Petit Chaperon Rouge mangé par le Loup, ne lui ont pas, que je sache, altéré le caractère, et je ne me sais pas mauvais gré de ce qu'elle a pris alors à partie le loup du Jardin des Plantes. Eh! bon Dieu! que parlons-nous de contes? N'en fait-on pas plus tard aux hommes des milliers qui sont bien autrement dangereux? Donc, quand bien même les légendes populaires n'auraient d'autre mérite que de distraire et d'égayer les enfants, nous pourrions les leur permettre.

l vous souvient de ces boîtes de joujoux que les bonnes fées envoyaient de Nurenberg, à la Noël et au Jour de l'An, pour les enfants bien sages. C'était d'abord une belle église rose, avec son clocher et ses clochetons; puis des maisons roses, jaunes, lilas, surtout vert pistache, avec pignons en escaliers surplombant sur la rue; toits aigus à vernis rouge, à colombier verdâtre. Tout cela, posé bien délicatement sur la table, faisait un merveilleux effet, quand nous avions planté au beau milieu, ou bien au dehors, en façon de promenade publique, une douzaine d'arbres frisés en copeaux comme des têtes à perruques et peinturlurés en vert. Je me souviens encore de ces beaux jours où, tous ensemble, nous empruntions à l'arche de Noé quelque paire de pigeons qu'on posait sur la place publique de la ville, quelque cigogne qu'on perchait sur le faîte d'une maison. Eh bien! pour enfantines que fussent ces images, ne les avez-vous pas retrouvées en grand dans cette bonne vieille Allemagne pistache et rose que nous avons parcourue? Ces bois des Phidias et des Vitruves de Nurenberg, ces semblants, ces ombres, ces fantômes de villages et de villes, une fois bien alignés au cordeau, n'étaient-ils pas au vrai la bonne ville de Lubeck? Les maisons un peu changées de place, n'aviez-vous pas Augsbourg, Nurenberg, le vieux Munich, la vieille Bohême? Pareillement au moral. — Si les contes ne sont pas davantage la représentation de la vie réelle que ces bois taillés à la serpe n'étaient l'Allemagne, au fond cependant ils en renferment quelque chose ; ils en sont aussi le semblant et le portrait lointain. La voie est étroite, mais elle est droite, et la leçon morale est souvent cachée dans les détails. C'est au bon sens de chacun à l'en dégager.

Es frères Jacques et Guillaume Grimm, deux hommes de grand savoir, philologues qui honorent la savante Allemagne, et dont le touchant accord de principes et de travaux rehausse encore les talents, eurent un jour la courageuse pensée de recueillir les vieilles traditions que de bouche en bouche les veillées de village se sont transmises comme embaumées dans la poésie populaire. Le sac sur le dos, portant tout avec eux, comme le philosophe ancien, ils se lancèrent, sur la foi de la fortune, à travers les routes les moins fréquentées, rencontrèrent une bonne vieille fort diserte en matière de légendes, et firent une moisson immense de récits merveilleux. Au retour ils les livrèrent à la publicité sous le titre de : *Contes d'enfants et de la maison* [1], *Forêts tudesques* [2] et *Légendes allemandes* [3]. Et les applaudissements publics, le suffrage des érudits, les joies de l'enfance ont forcé de réimprimer par milliers d'exemplaires ces trois ouvrages, dont le moindre mérite a été de réveiller en Allemagne un profond sentiment de nationalité. J'ai lu ces traditions, dont le point de départ est si varié, qui ont fait le tour du monde, et qui, modifiées par le génie des nations et des conteurs divers, se retrouvent pour la plupart dans nos provinces. Souvent je m'en suis inspiré pour les récits qui, dans votre première enfance, ont tant égayé vos esprits faciles alors à charmer, tant ému vos cœurs faciles alors à séduire.

ous l'avez agréable, imprimez. Encore une fois, je ne m'y oppose pas. Mon vieux cœur, avant de cesser de battre, jouira

---

[1] *Kinder und Hausmærchen*, trois volumes. Berlin, 1812-1813.
[2] *Altdeutsche Wælder*, trois volumes. Cassel, 1813-1816.
[3] *Deutsche Sagen*, deux volumes. Berlin, 1816-1818.

de nouveau, par la mémoire, de tout le bonheur que lui a donné l'épanouissement de votre jeune âge. Recueillez vos souvenirs, contez vous-mêmes à vos jeunes enfants, et mêlez la leçon au récit. Mes yeux affaiblis ne sauraient guères à présent lire des contes roses ou bleus; mais de la voix, s'il le fallait encore, je vous viendrais en aide auprès de mes petits enfants, et sous mes cheveux blanchis, je retrouverais avec mes anciennes légendes mes bonheurs paternels d'autrefois :

> Car le vieillard n'ayant plus d'avenir,
> Vivre pour lui n'est que se souvenir.
>   Quelquefois, vous pouvez m'en croire,
>   Il me semble encor que j'y suis,
>   Heureux d'avoir en ma mémoire
>   De quoi suspendre mes ennuis.
>   Sans cette faculté puissante,
>   Dont les ressorts bien exercés
>   Nous rendent des beaux jours passés
>   L'image vivement présente,
>   Ils paraissent et sont perdus,
>   Et notre bonheur sur la terre
>   N'est qu'une lueur passagère
>   Qui brille un instant et n'est plus.

F. Feuillet de Conches.

LA BONNE SŒUR

ou

LES SEPT CORBEAUX

LA BONNE SŒUR OU LES SEPT CORBEAUX

Un homme avait sept fils. Il eut pour dernier enfant une fille. Bien que la petite fût plaisante à voir et jolie comme un ange, elle était si faible, délicate et mignonne, que l'on désespéra qu'elle pût jamais vivre ; partant, on se dit qu'il fallait la baptiser sans retard.

Alors, le père envoya l'aîné de ses fils chercher en toute hâte de l'eau à la source prochaine, où Notre-Seigneur s'était rafraîchi dans ses voyages. Mais les autres six s'encoururent après l'aîné ; c'était à qui arriverait le premier à la fontaine, à qui le premier puiserait de l'eau, car tous également aimaient leur sœur. Et tant se pressèrent, que tous laissèrent choir leur cruche dans le puits ; et alors, se regardant tout effarés les uns les autres, ils ne savaient en réalité que devenir, et nul, après la mésaventure, n'osait retourner au castel. Mais le père, qui s'impatientait d'un tel retard, se demandait ce que si longtemps ils pouvaient faire. Vous verrez, se disait-il, qu'ils auront en route oublié le message pour s'amuser à jouer à la fossette ou à saute-mouton. Lors, après une plus longue attente, ne les voyant revenir, il entra en chaude colère, et souhaita qu'ils fussent tous les sept changés en corbeaux. A peine le vieillard avait-il prononcé ces fatales paroles, que les fils rentraient, et il entendit croasser sur sa tête. Il regarde, et il voit sept corbeaux, noirs comme jais, voletant, se culbutant autour de la chambre, s'enfuir en troublant l'air de longs gémissements. Alors il fut navré que son vœu eût été si vite accompli, et il ne savait à quel saint se vouer pour défaire ce qu'il avait fait. Il chercha à se consoler de son mieux de la perte de ses sept fils, en reportant toute sa tendresse sur sa chère petite, délicieuse créature qui prit bientôt des forces et de la santé. Et ce devint une blonde au long regard bleu ; et c'est pour elle que fut inventée cette locution proverbiale : Croître et embellir

Elle grandissait donc, nourrie et enseignée en toute vertueuse civilité, chérie et admirée d'un chacun. Mais longtemps elle ignora qu'elle eût eu des frères, car son père et sa mère n'avaient eu garde d'en parler devant elle. Quand, d'aventure, un jour, elle entendit des commères qui chuchotaient autour d'elle :

— Oui, sans doute, c'est une fille accomplie ; mais ce n'est pas moins dommage qu'on ait pour elle sacrifié ses frères.

A ce trait de lumière, elle s'encourt tout effarouchée à la maison, et demande à ses père et mère si, en effet, elle avait eu des frères, et ce qu'ils étaient devenus. N'osant, alors, plus longtemps lui donner le change, ils se prirent à pleurer, disant : — La volonté de Dieu soit bénie. Et ils lui contèrent la vérité, ajoutant que par ainsi sa naissance seule avait été la cause innocente de leur perte.

La sensible enfant en eut le cœur marri nuit et jour, et ne se laissa paix ni trêve qu'elle n'eût pris son parti à cet endroit. Adonc, un beau jour, elle s'évade et se lance, à la grâce et merci du bon Dieu, sur la grande route, pour faire le tour du monde à la recherche de ses frères, en quelque lieu qu'ils fussent, et les délivrer à tout prix.

Elle n'emporta avec elle rien qu'un petit anneau que lui avaient donné son père et sa mère ; rien qu'un morceau de pain en cas de faim ; une petite cruche d'eau, en cas de soif ; et un petit tabouret, en cas de fatigue.

Légère ainsi et court vêtue, elle alla, elle alla jusqu'à ce qu'enfin elle arrivât au bout de la terre Lors, trouvant l'arc-en-ciel, ce pont que les dieux ont jeté dans l'espace pour communiquer avec les mondes, elle y monta et marcha droit au Soleil, à trente-quatre millions de lieues de notre planète. Mais le brûlant Phœbus, qui toujours eut du goût pour les petites filles, lui tendit les bras pour la caresser. Son regard de flamme lui fit peur, et vite elle descendit vers l'empire de la Lune, à quatre-vingt-six mille lieues de la terre.

Là, sur un nuage de mille couleurs changeantes, apparaissait une belle jeune déesse dans un de ces négligés à la mode, tissu diaphane, vapeur brodée à jour, qu'on n'appellerait vêtement que par exagération. A son croissant, la petite reconnut tout d'abord la divinité qui préside à la nuit. Il régnait sur son visage, dans ses manières et parmi son cortége, un air de légèreté, de coquetterie et d'enjouement qui s'accordait mal avec l'idée que le précepteur de la jeune fille lui avait donnée de la sévère et chaste Diane. Étonnée à ce spectacle, la petite en tremblant présente sa demande, et la fantasque déesse l'embrasse, lui promet ses frères à l'instant même, et pour gage de sa parole, elle jette sur un trône de nuages son manteau d'argent, et soudain la terre est illuminée d'un reflet tranquille, mélancolique et mystérieux ; et au loin la Lune montre du doigt l'asile où les sept frères sont emprisonnés, et l'enfant pleure d'espoir et de tendresse. Quand, d'un bond, la capricieuse déesse pirouette sur elle-même, et s'écrie :

— Il flaire chair et sang de ce côté, petite ; à une autre fois.

Et elle tourne le dos à l'enfant et s'endort.

Voyant qu'il n'y a rien à tirer d'une écervelée si lunatique, la petite s'enfuit à toutes jambes, et va frapper à la porte des Étoiles, quatre cent mille fois plus loin de notre globe que le Soleil.

Et les Étoiles, les bonnes filles, l'accueillent et la choient, et chacune, à son tour, en signe d'amitié, s'amuse à essayer son petit tabouret. L'Étoile du berger, délicate et blonde, l'œil humide et levé vers le ciel, l'embrasse d'un air engageant et doux, et lui fait cadeau d'une robe de noce blanchie au clair de la lune. Et la plus éveillée, l'Étoile du matin, lui donne en présent un petit morceau de bois :

— Prends-le, dit-elle, et le gardes. Sans cette cheville, tu ne saurais ouvrir le château de la montagne de verre, que tes frères habitent. Tu l'enfonceras dans la serrure et l'y laisseras; aussitôt la serrure cédera d'elle-même, et les deux battants rouleront sur leurs gonds de verre. Va, et adieu !

Alors, la jeune fille prit le petit morceau de bois, le roula dans son petit mouchoir, glissa en terre sur une Étoile filante, et poursuivit droit son chemin jusqu'à ce qu'enfin elle arrivât au château de la montagne de verre, qu'elle trouva fermé. Vite elle recourt à sa cheville. Elle ouvre son petit mouchoir, et s'aperçoit en gémissant qu'elle a perdu le don des bonnes Étoiles. Sainte Vierge ! que faire ? Elle brûlait de sauver ses frères ; mais point de clef pour ouvrir le château enchanté. Alors, alors, cette sœur fidèle, cette adorable petite fille, tire son petit couteau, met dans la serrure son petit doigt, qui était juste de la grosseur de la petite cheville qu'elle avait perdue, et le coupe. Sur-le-champ la serrure cède d'elle-même, et les deux battants roulent sur leurs gonds de verre.

Elle entre. Vient un nain qui lui dit :

— Que cherchez-vous ?

— Je cherche mes frères les sept corbeaux.

— Messeigneurs ne sont pas chez eux. Mais s'il vous plaît attendre leur retour, daignez entrer au logis.

Or, c'était le moment où le nain mettait le couvert. Et il servit le dîner sur sept petits plats. Dans sept petits verres, il mit à boire, plaça le tout sur une petite table, avec le dessert, et, en serviteur bien appris, se retira.

Et, alors, la petite prit et mangea un petit morceau sur chacun des sept petits plats, et elle but une petite gorgée de chacun des sept petits verres ; mais elle laissa tomber son anneau au fond du septième. Puis, tirant une grappe de groseilles des fruits du dessert, elle se prit à l'égrener, et elle se disait, comptant par grains et pensant à ses frères :

— Ils m'aiment, un peu, beaucoup, passionnément...

Et voilà que soudain l'air retentit de croassements et de coups d'ailes, et le nain s'écrie :

— Messeigneurs !

Ils entrent en effet, bruyamment, une pie leur tenant à chacun la queue, et sur-le-champ, ils demandent leur dîner ; quand tout à coup, jetant les yeux à la fois sur leurs assiettes et sur leurs verres, ils s'écrient tous à l'unisson :

— Qui donc a mangé dans ma petite assiette ? Qui donc a bu dans mon petit verre ?

> Coà, coà ! je le vois de mes yeux,
> Un être humain a paru dans ces lieux.

Quand le septième eut bu jusqu'au fond de son verre et qu'il y eut trouvé la bague, il la considéra, et reconnaissant qu'elle venait de son père et de sa mère, il jeta un cri, disant :

— Ah ! si c'était notre chère petite sœur qui fût venue ! Nous serions sauvés !

Ce qu'entendant la petite fille (car elle était restée tout le temps cachée derrière la porte, et elle écoutait), elle s'élança de sa cachette, et en un clin d'œil les sept corbeaux avaient repris leur forme première ; et tous la pressaient sur leur cœur, et tous s'embrassaient étroitement, se baisant les uns les autres. De manière que tout le château se trouva plein de caresses et de larmes très-douces à force de joie.

Puis, côte à côte, ils regagnèrent la maison paternelle.

> Que n'ose et que ne peut l'amitié violente !
> Cet autre sentiment que l'on appelle amour
> Mérite moins d'honneur. Cependant, chaque jour,
>   Je le célèbre et je le chante.

Les Sept Corbeaux « *Die sieben Raben,* » de MM. Grimm. — Cette historiette, dans son inculte et bizarre incohérence, paraîtra probablement curieuse, néanmoins, à raison du génie septentrional qu'elle respire et de l'originalité de la conception et des incidents.

Il est nombre de légendes populaires où se mêlent comme en celle-ci, aux idées du christianisme, les mythes païens. L'Allemagne, la France, l'Italie, la Hollande fournissent beaucoup d'exemples de ce genre, que l'on retrouve surtout dans les pays de montagnes, moins ouverts, par leur position géographique, aux progrès de la raison humaine.

A mesure que l'on s'avance en plein moyen âge, ces faibles et derniers reflets du soleil couchant du paganisme, desquels la poésie populaire était restée empreinte, s'éclipsèrent aux rayons de la religion chrétienne. Trop fortes, toutefois, non pour l'imagination, mais pour l'intelligence de ces temps de naïve croyance plus pressés de sentir que de raisonner, les vérités du christianisme se transformèrent en superstitions. La poésie fut loin d'y perdre, il est vrai ; mais l'imagination populaire, tout en voulant rester religieuse, rendit souvent burlesque ce qu'elle respectait le plus, et, prenant des licences avec les souvenirs bibliques, qu'elle traduisait en légendes et en ballades, elle fit descendre à la portée des dernières classes, sous forme de caricatures bourgeoises, *monseigneur Jésus* et *madame la Vierge,* le Père éternel et les Saints. Elle assit le bon Dieu sur un trône vermoulu, et lui mit le nez à la fenêtre pour juger ce qui se passait sur notre planète. Elle fit du céleste porte-clef, saint Pierre, un vrai portier, une sorte de bouffon du paradis. Les mystères qui se jouèrent dans toute la chrétienté et dont quelques débris se jouent encore ou se chantent dans quelques-unes de nos provinces et dans certaines parties du sud de l'Allemagne, aux jours de Noël et de Pâques, ne contribuèrent pas peu à réduire à des proportions populaires la majesté divine. Mais nul peuple n'alla plus loin, à cet égard, que le Hollandais. Il versa de la bière à la sainte Trinité ; et il y avait longtemps que ses traditions et ses chroniques avaient mis la pipe à la bouche des apôtres, quand il plut à ses peintres d'affubler le Christ en bourguemestre d'Amsterdam, et les Saints en bons bourgeois.

Le présent conte de sept fils métamorphosés par la colère d'un père et sauvés par le dévouement d'une sœur, offre une grande vérité locale dans l'exemple de puissance paternelle qu'il fournit, et dans la piété fraternelle qui dénoue et couronne l'action. Pour apprécier toute cette vérité, il faut se reporter à la vie essentiellement domestique et patriarcale qui fit le cachet des races teutoniques. On connaît le conte du frère qui fait le tour du monde à la recherche de sa sœur. Beaucoup d'autres traditions de la Germanie sont fortement empreintes du même esprit de famille. Ce sentiment a quelque chose peut-être de plus profond et de plus intime encore dans les chants primitifs des races slaves et particulièrement ceux des Serbes, comme ils l'avaient dans leurs mœurs, décrites avec tant de charme par Wouk Stephanowitsch. Pour eux l'affection de frère à sœur et de sœur à frère est une sorte de religion. N'avoir pas de frère est une calamité. La muse serbe, qui fait du coucou le symbole de la souffrance morale, raconte comment une jeune fille, qui avait perdu son frère, fut changée en cet oiseau, pour mener un deuil éternel. « Les Serbes, dit un excellent article du *North American Review*, n'assignent que la troisième place à l'amour dans l'échelle des affections de la femme. Elle aime d'abord son frère, ensuite son paranymphe ou garçon de noce, que la coutume lui assigne comme cavalier servant; vient enfin, en troisième et dernière ligne, son époux. » « Elle perdit à la fois, est-il dit dans une chanson populaire, son mari, son paranymphe et son frère. Pour l'amour du premier, elle s'arracha les cheveux; pour le second, le visage; pour le troisième, les yeux. Les cheveux repousseront; le temps effacera les plaies du visage; mais les yeux arrachés sont éteints pour jamais. Le cœur qui saigne pour le frère saignera toujours. »

LE

FIDÈLE JEHAN

LE FIDÈLE JEHAN

Il était, au temps jadis, un bon roi chargé d'ans qui tomba malade, et quand il se sentit au lit de la mort il dit : — Appelez le fidèle Jehan.

Or, ce fidèle Jehan était un sage des anciens

jours, serviteur favori du prince, et on lui avait donné ce nom parce qu'il avait toujours montré envers son maître dévouement et fidélité à toute épreuve dès ses plus jeunes ans.

Quand il fut au chevet du lit, le roi lui adressa ces paroles : — Ami, c'en est fait ; la vieillesse, avec tous ses maux, s'est assise sur mes épaules : ni mes archers de la garde, ni mes gentilshommes de la chambre ne m'en sauraient décharger. Voilà mon cercueil que j'ai agencé moi-même avec tout le meuble nécessaire pour ensevelir un mort. C'est une maison que je me suis bâtie, et que sans regret j'irais habiter sur l'heure, n'était mon fils, si jeune encore, et qui a tant besoin de bons et sages conseils. Je n'ai d'autre vrai ami à lui laisser que toi ; et si tu ne jures de veiller à ce qu'il sache tout ce qu'il doit savoir, si tu ne jures de lui servir après moi de père, je ne fermerai pas mes yeux en paix.

Lors Jehan répondit :

— Je ne le quitterai non plus que son ombre, et le servirai en candeur et fidélité, dussé-je y perdre la vie.

Et le roi répliqua : — Je puis maintenant mourir en paix. Moi mort et enseveli, montre-lui par le menu tout le château : cabinets, salons, bibliothèques, galeries, et toutes les curiosités, et tous les trésors qu'il renferme. Mais garde bien comme tu lui laisseras voir une certaine chambre, celle-là où se trouve le portrait de la fille du roi de la Coupole d'or. S'il vient, de malaventure, à voir ce portrait, il tombera éperdument amoureux de la princesse, et, pour la posséder, il se jettera tête baissée dans les plus déplorables et périlleuses aventures. Ah! que du moins, si ce malheur arrive, tu sois là pour veiller sur lui !

Et avait à peine le fidèle Jehan donné sa parole à son vieux maître, que celui-ci, tournant la face et laissant aller sa tête sur l'oreiller, rendit son âme en paix.

Le roi est mort, vive le roi! Incontinent, tous les courtisans se précipitèrent avec le bruit du tonnerre sur les pas du jeune prince ; mais le fidèle Jehan attend qu'on l'appelle. Le jeune roi l'envoie, en effet, quérir. Alors Jehan conté en gros ce qui s'est passé entre lui et son sei-

gneur aux bords de la tombe : — Je ne laisserai
pas, ajouta-t-il, de satisfaire à son vouloir et
désir : je serai fidèle, comme je l'ai toujours été,
à votre père, voire y dussé-je perdre la vie.
Et le jeune roi s'attendrit aux larmes et dit :
— Et moi je n'oublierai jamais tant de vertus
et de fidélité.

Etant passé le temps des pleurs, le fidèle
Jehan dit à son maître : — C'est le moment
aujourd'hui de visiter votre héritage ; je vais
vous montrer le château de votre père. Alors,
il le conduisit en haut, en bas, partout. Il lui
fit considérer la plaisante situation des appartements réservés, les cours spacieuses, les
magnifiques galeries, les délectables jardins,
remplis de mille petites mignardises : fruits
savoureux, verdoyantes herbes, fleurs riantes
et de merveilleuse rareté. Il lui fit tout voir
enfin, à son grand contentement et fatigue,
tout, hormis une chambre, une seule, celle-là
où le fatal portrait était suspendu. Or ce portrait était placé de telle sorte que, la porte une
fois ouverte, inévitablement il sautait aux yeux
tout d'abord. Et la peinture en était si mer-

veilleuse d'artifice et d'excellence, qu'on eût dit : L'image va parler ! Et c'était celle de la plus ravissante créature que le ciel eût pris plaisir à former. Quand le jeune roi vit que le fidèle Jehan passait toujours près de cette chambre sans s'y arrêter, il lui dit : — Pourquoi donc n'ouvrez-vous point cette pièce ?

— Y a là dedans, répondit-il, quelque chose qui pourrait vous faire mal.

Mais le roi fit le courroucé, disant : — J'ai vu tout le palais de mon père, et faut que je sache ce qu'il y a là, comme je sais ce qui est ailleurs.

Et il s'approcha de la porte, et à toute force cherchait à l'ébranler. Lors, le fidèle Jehan, arrêtant ses efforts et le prenant à part, lui dit :

— Votre père, à son heure dernière, a reçu ma parole que j'épuiserais tous les moyens pour vous empêcher de voir ce que contient cette fatale chambre, car il s'ensuivra, pour vous comme pour moi, les plus terribles dangers.

— Eh bien ! que me fait le danger ? Je n'aurai paix ni trêve, nuit et jour, que je n'aie, à cet endroit, l'âme satisfaite, et ne bougerai d'ici que vous n'ayez ouvert.

— Vous le voulez ! dit le pauvre Jehan, qui voyait bien, à l'immodération du prince, qu'il userait plutôt de violence que de céder ; eh bien donc ! il faut obéir et vous laisser courir à votre perte.

Et il tira de son grand trousseau la clef de la porte, et, l'ayant ouverte, il entra vivement le premier, de manière à s'interposer entre le roi et la peinture, et l'empêcher de la voir ; mais le prince se leva sur la pointe des pieds et regarda par-dessus les épaules de Jehan ; et avait-il à peine aperçu les traits de la princesse, tout éclatante d'attraits et d'or, qu'il tomba sur le carreau sans connaissance. Alors le fidèle Jehan le prit dans ses bras, le porta sur son lit, et le soigna avec une telle diligence et sollicitude que si c'eût été son propre fils, et il se disait à part soi : — Quelle aventure ! Dieu du ciel, comment cela va-t-il finir ?

Le roi bientôt recouvra ses sens, et pour premières paroles, il s'écria :

— De qui est ce ravissant portrait ?

— De la fille du roi de la Coupole d'or, répondit Jehan.

— Ah! s'écriait le roi, tout hors de lui : je l'aime plus que moi-même, et quand toute feuille aux arbres aurait une langue pour parler, elles n'auraient assez de voix toutes ensemble pour dire comme je me fonds et péris d'amour. Le pouls m'en bat, le cœur m'en tressault, mon âme en languit. A quoi faire vivre si je meurs sans elle cent fois le jour? O Jehan! s'il est vrai que vous me soyez un ami fidèle et sincère, sauvez-moi de moi-même.

Par quoi Jehan délibéra longuement à part soi sur ce qu'il allait faire. Enfin il dit au roi :

— Tout ce qui l'entoure est d'or : livres, tables, vaisselle, coupes, toilettes, et le reste. Incessamment elle est occupée à la recherche de nouveaux trésors de goût et d'art; et le roi de la Coupole d'or tâche à la distraire et l'éblouir en donnant chaque jour un aliment nouveau à ces penchants de la princesse, car il ne veut à aucun prix se départir de sa fille, et son aveugle tendresse lui fait refuser obstinément pour elle les plus magnifiques partis. Or des lingots traînent à foison dans votre garde-meuble. Appelez tous les artistes de la couronne; qu'avec cet or ils fassent des chefs-d'œuvre en tout genre : des vases, des oiseaux, des bêtes fauves, des animaux fantastiques et fabuleux ; et, munis de ces merveilles, nous nous mettrons en campagne et nous exposerons à la merci de fortune.

Alors le roi fit venir les habiles des habiles entre tous ses orfèvres et fins doriers.

— Que votre génie ait des ailes, leur dit-il. — Et nuit et jour ils veillèrent. Et l'or obéissant s'amollit comme cire sous leurs doigts, et en moins de rien ils avaient fait des miracles, et l'œuvre et labeur de leur divine industrie étaient aux pieds du roi. Alors le fidèle Jehan en chargea un vaisseau, et il prit l'habit d'un marchand, et le roi suivit son exemple, à celle fin de n'être ni l'un ni l'autre reconnus.

Lors il était environ le temps de l'hirondelle et le commencement du printemps, que toutes choses font bien leur devoir de s'égayer à la saison nouvelle, et que la mer douce et bénigne semble sourire et convier le navigateur.

Quand tout fut prêt, ils mirent en mer à toutes voiles, et à la fin ils arrivèrent en vue du pays où régnait le roi de la Coupole d'or. Le fidèle Jehan dit à son maître de rester sur le vaisseau et de l'y attendre : — Car peut-être, ajouta-t-il, viendrai-je à bout, sans coup férir, d'amener à bord la fille du roi. Faites bien tenir tout en ordre. Sortez tous les vases, étalez toutes les merveilles ; que le vaisseau en soit tapissé de toutes parts en dedans. — Et il choisit dans le nombre quelques échantillons d'un précieux travail qu'il emporta avec lui, et il prit terre, et se dirigea vers le château du roi.

Déjà il était dans la cour du palais, quand il rencontra près du puits une jeune et délicate belle fille, d'un visage honorable, d'une contenance grave et d'une grâce singulière, qui, tenant en main deux seaux de fine ciselure, puisait de l'eau. Et quand du puits fut tirée l'eau qui brillait d'un reflet d'or, la jouvencelle vint à jeter autour d'elle ses regards, et avisant l'étranger, lui demanda qui il était. Alors il s'approcha : — Je suis marchand, dit-il, — et il ouvrit ses étuis et l'y laissa voir, et elle s'écria :

— Oh ! par la Coupole d'or ! que de belles choses ! — Et alors elle posa ses seaux, et regarda chaque objet l'un après l'autre, et l'un après l'autre les regarda encore de nouveau ; puis attentivement elle considéra le faux marchand, et voyant qu'il montrait en son visage avoir je ne sais quoi de bon et d'agréable et qu'il sentait bien sa bonne maison : — Il faut, s'écria-t-elle, que la fille du roi voie tout cela. Ce sont choses dont elle est folle, et sans doute achètera-t-elle le tout. — Donc elle prend l'homme par la main et elle l'introduit dans le palais, car c'était la fille de confiance ou plutôt l'amie de la princesse de la Coupole d'or.

Celle-ci n'eut pas plus tôt vu ce que contenaient les boîtes, qu'elle en raffola. — C'est si beau, dit-elle, que tout est à moi.

Mais le fidèle Jehan lui dit :

— Ce n'est pas moi qui suis le marchand ; je ne suis que son serviteur. Ce que j'ai là n'est rien à côté des richesses dont est chargé le vaisseau que là vous voyez à l'ancre. Mon maître y est, et avec lui sont les plus beaux ouvrages qui soient jamais sortis de la main des hommes.

— De grâce, qu'on me les apporte ?

— Mais il faudrait, dit l'autre, plusieurs jours pour les débarquer, tant le nombre en est grand! Et quelle maison serait assez vaste pour les contenir?

Alors, alléchée par la friandise de si belles choses, et le désir allumé par la difficulté, la princesse n'y put tenir à la fin, et elle dit à Jehan : — Mène-moi au vaisseau, j'y veux aller moi-même et par moi-même voir tous ces miracles que garde ton maître.

Par ainsi, le fidèle Jehan, ne se sentant pas d'aise, la conduisit au navire ; et quand le roi eut vu la princesse plus claire et luisante que le soleil, si bien en fleur d'âge et belle de tout point, il lui sembla que son cœur allât bondir de sa poitrine. Ses genoux s'affaiblirent sous son corps tremblant. A peine sut-il conserver ses sens, bien heureux d'avoir à s'étayer contre les galeries pour s'engarder de tomber.

Cependant elle entra dans le vaisseau, et le roi, peu à peu remis, lui en fit courtoisement les honneurs et la fit descendre aux salles d'exposition. Mais le fidèle Jehan était resté sur le pont avec le pilote, et il faisait lever l'ancre, et commandait la manœuvre. — Au large! au large! disait-il, déployez toutes voiles; que le vaisseau vole sur les eaux comme l'oiseau dans les airs. — Et le vent de terre fraîchissait de plus en plus, et le flot emportait l'esquif, au gré du vent, si raide et si loin, qu'il fut tantôt hors de vue du rivage de la Coupole d'or. Adieu donc! adieu!

Et cependant le roi montrait par le menu à la princesse tous ses trésors relevés de mille sortes. Coupes, bassins et cent mille façons de carcans, de chaînes grosses et petites, miroirs biscautés, fauteuils étoilés d'escarboucles, voire patins à fouler sous les pieds, et l'armée de figurines et la ménagerie de merveilleuse sculpture; en un mot, tous les tours de force de goût, d'industrie et d'art, si bien que les heures passèrent et passèrent, et que la princesse regardait encore chaque chose en si grand plaisir, qu'elle ne pouvait rassasier ses regards, ne se donnant garde que le navire fût en fuite. Et quand enfin elle eut tout vu et revu, elle remermercia le marchand, et lui dit : — Çà, je vais rentrer au palais, vous y enverrez vos merveilles.

Mais dès qu'elle fut sur le pont et vit le vaisseau cinglant au large, toutes voiles au vent, rapide comme l'éclair :

— Trahison, cria-t-elle éperdue ; trahison ! on m'enlève ! Je suis au pouvoir d'un pirate ! N'eût-il pas mieux valu mourir !

Mais le roi, avec bonne et gentille grâce, lui prenant respectueusement la main et lui jetant une voix aimable et douce, le genou en terre, lui dit :

— O princesse ! je ne suis ni corsaire ni marchand, je suis roi, et de haut lignage. Si j'ai employé la ruse pour vous éloigner de votre royaume, que mon respect du moins me fasse trouver grâce devant vous ; car sitôt que mes yeux ont vu votre divine image, je suis tombé évanoui de mésaise d'amour.

A ce doux et plaisant propos, la fille du roi de la Coupole d'or, rougissant de la honte et pudeur qu'elle avait, devint comme la rose du matin. Le calme lui coula au cœur, et elle s'attendrit sur le jeune prince, le regarda du coin de l'œil, et le trouvant beau, de riche taille et corsage royal, elle s'apprivoisa avec lui, lui donna le premier lieu dans son cœur, et agréa de lui accorder mariage.

Mais advint, tandis qu'ils voguaient en pleine mer, que le fidèle Jehan, étant assis sur le tillac à jouer de la flûte, par manière de récréation, avisa trois corbeaux qui ondoyaient et flottaient par l'air côte à côte l'un de l'autre, et s'abattirent sur les vergues, non loin de lui. Lors, il cessa de jouer et se prit à écouter ce qu'ils se disaient, car il entendait leur langage, et ils entamèrent leurs demandes et réponses de la sorte :

PREMIER CORBEAU. — Il vogue, il vogue : il emmène la fille du roi de la Coupole d'or. Que le ciel l'accompagne !

SECOND CORBEAU. — C'est bien ! c'est bien ! il vogue ; mais il ne la tient pas encore.

TROISIÈME CORBEAU. — Il vogue, il vogue, et ce me semble, il la possède, car n'est-il pas là sur un divan, à ses côtés ?

PREMIER CORBEAU. — Eh ! que sert cela ? Ne voyez-vous pas qu'en mettant pied à terre, un cheval couleur de feu bondira tout à coup vers lui? et il voudra le monter, et s'il le fait, adieu! le cheval l'emportera dans les airs à perte de vue, et jamais il ne reverra ses amours.

SECOND CORBEAU. — Bien! bien! Mais n'est-il à cela aucun remède?

PREMIER CORBEAU. — Si fait! si fait! Si celui qui montera le cheval prend le poignard qui pendra à la selle, et frappe l'animal à mort, le jeune roi est sauvé. Mais qui sait cela? Et celui d'ailleurs qui le lui dirait et se ferait ainsi le sauveur du roi, sur-le-champ serait mué en pierre du talon au genou.

SECOND CORBEAU. — Bien! bien! Mais voici encore mieux : Le cheval fût-il mort, le roi n'en perdra pas moins sa fiancée. Quand ils arriveront au palais, sur le lit sera la tunique nuptiale, qui aura l'air d'un tissu d'argent et d'or, mais qui, de vrai, sera de soufre et de bitume incandescent. Et s'il la pose sur ses épaules, adieu! L'étoffe s'attachera inexorable à son corps et le consumera moelle et os.

TROISIÈME CORBEAU. — Hélas! hélas! N'est-il à cela aucun remède?

SECOND CORBEAU. — Si fait! si fait! Si quelqu'un est là assez alerte pour jeter la tunique au feu, le jeune roi est sauf. Mais que sert cela? Quelqu'un le sait-il? Et qui le saurait, et le lui dirait, deviendrait pierre du genou au cœur.

TROISIÈME CORBEAU. — Mais voici mieux encore. La tunique fût-elle brûlée, le roi n'en perdra pas moins sa fiancée. Après la noce, quand s'ouvrira le bal, et que la jeune reine aura fait un ou deux pas, soudain elle pâlira et tombera raide comme frappée de mort; et si quelqu'un n'est là assez alerte pour la relever et pour tirer de son sein droit trois gouttes de sang,

> Trois gottes de frès sanc
> Qui enluminent le blanc,

elle mourra. Mais quel homme sait cela? Et s'il en était qui le sût, il le dirait au prince, et l'imprudent qui l'aurait dit serait mué en pierre de la plante des pieds à la racine des cheveux.

Ce dit, les corbeaux battirent de l'aile, et s'élevèrent, planant au loin.

Mais le fidèle Jehan, qui n'avait rien perdu de leur conversation, fut navré au fond du cœur, et

Trois corbeaux s'abattirent sur les vergues, non loin de lui. Lors, il cessa de jouer et se prit à écouter ce qu'ils se disaient, car il entendait leur langage.

écouter ce qu'ils se disaient, car il entendait leur langage.

cependant il ne sonna mot de ce qu'il avait entendu ; car s'il parlait, il savait bien qu'il payerait de sa vie le salut de son maître. Ce nonobstant, il se dit à part soi :

— Je serai fidèle à ma parole, et je sauverai mon maître, voire y dussé-je laisser la vie.

Or, quand ce vint à descendre au rivage, il arriva tout juste ce que les corbeaux avaient prédit. Soudain bondit un superbe cheval couleur de feu.

— Bravo ! dit le roi, c'est monture toute prête pour me conduire au palais.

Et déjà il saisissait la bride, quand Jehan le devance, saute en selle en un tour de main, tire vitement son poignard et frappe de mort le coursier frémissant. Alors, un chacun s'écria parmi les courtisans, jaloux du favori :

— Voyez l'horreur ! tuer une si belle bête, qui allait porter à son palais Sa Majesté Sérénissime le roi notre maître.

Mais le roi dit :

— Il suffit. Laissez en paix mon fidèle Jehan. Qui sait ? sûrement à bon escient l'a-t-il fait.

Alors donc, ils allèrent processionnellement

au château; et dans une chambre était un lit, et sur ce lit une magnifique tunique nuptiale qui resplendissait d'argent et d'or, et le jeune roi s'approcha pour s'en revêtir; mais le fidèle Jehan s'encourt, la saisit, la jette au feu, et en un instant elle est cendre. Et tout aussitôt les envieux de murmurer encore, disant :

— Tenez, le voilà maintenant qui met au feu les habits nuptiaux !

Mais le roi dit encore :

— C'est assez; sans doute avait-il bonne cause d'en agir ainsi. Laissez-le en paix : c'est mon fidèle serviteur Jehan.

Alors donc commença la fête nuptiale, le bal s'ouvrit, et parut l'épousée dans tout l'éclat de ses jeunes attraits. Mais Jehan, le fidèle Jehan, était sur ses gardes, et il ne perdait pas de vue le visage de la princesse; et voilà que soudain elle pâlit, et voilà qu'elle tombe raide comme frappée de mort. Mais s'élancer, la relever, la poser sur un sopha dans une chambre voisine, découvrir un son petit sein droit, et en tirer

> Trois gottes de frès sanc
> Qui enluminent le blanc.

tout cela est l'affaire d'une minute pour le serviteur fidèle. Un premier soupir annonça qu'elle renaissait à la vie ; une minute encore et elle avait repris ses sens, et les joies éclatantes du bal avaient retenti de nouveau.

Mais le roi avait tout vu et ne pouvait s'expliquer une telle conduite. Alors, plus embrasé dans son dépit qu'un charbon ardent, il dit à ses gardes :

— Qu'on le jette en prison !

Et les courtisans de flatter la colère du prince, et de s'écrier :

— A-t-on jamais ouï semblable insolence ! porter ainsi la main sur la fiancée de monseigneur le roi !

— Voilà donc, se disait le pauvre Jehan, voilà donc la destinée des princes, qui en un même instant aiment et haïssent, exaltent et abaissent ! La volonté de Dieu soit faite !

Le jour suivant fut le dernier jour du condamné, et grâce à la justice sommaire de ce temps-là, le fidèle Jehan fut, sans autre forme de procès, conduit sur-le-champ aux gémonies.

Le meilleur des supplices est le plus court :

soit; mais, de grâce, en passant, mettons-nous la main au symbole de la conscience, et demandons-nous si l'on fait que sage d'ôter la vie, même à celui qui a donné la mort. Si l'on tue, comment remédiera-t-on aux erreurs de la justice? Je ne voudrais pas être le bon Dieu, j'aurais trop de sottises à réparer. Et de fait, ne voilà-t-il pas, cette fois, qu'on va immoler un innocent!

Jehan arrive donc, et poliment on l'invite à se laisser pendre, comme si c'était une gentillesse qui chatouillât les personnes pour les faire rire.

— Un instant! dit-il; et voyant que, pour faire honneur à son ancien domestique, le roi était présent, il s'écria: Aurai-je congé de parler avant de mourir?

— Parle! dit le roi.

— Eh bien! reprend avec calme le supplicié, vous allez connaître ouvertement mon innocence.

Et alors il conta l'entretien des corbeaux qu'il avait entendu en mer, et comme quoi, au péril de sa vie, il avait recoux son roi, non de la gueule du loup, comme on dit, mais de la mort.

A peine avait-il eu le temps de prononcer ces mots que le roi, éperdu, s'écria :

— Grâce ! grâce à mon fidèle Jehan !

Mais il était trop tard, et déjà le serviteur fidèle était sans vie, marbre devenu.

Et le roi et la reine pleurèrent et portèrent son deuil ; et le roi disait :

— Oh ! de quel prix ai-je payé ta fidélité constante !

Et il fit enlever la figure, il la fit déposer dans son propre appartement, à la tête de son lit, et toutes et quantes fois il regardait cette froide image, il pleurait, disant :

— Ah ! si je pouvais te rappeler à la vie, mon fidèle Jehan !

Et le temps s'écoula, et la reine eut deux fils, beaux comme elle ; et ils grandirent, et faisaient son orgueil et sa joie. Un jour qu'elle étant à l'église, ils étaient restés au palais avec leur père, et se jouaient autour de lui, il vint à regarder la figure de marbre, et soupira ; et ce soupir disait :

— Ah ! que ne puis-je te rappeler à la vie, mon fidèle Jehan ! Alors, la pierre se mit à parler :

— O roi, dit-elle, tu peux me rendre à la vie, si tu veux sacrifier pour moi ce que tu as de plus cher au monde. Et le roi répondit :

— Tout ce que je possède sur la terre, je le donnerais pour toi.

— Eh bien ! fit la pierre, coupe la tête de tes fils, répands sur moi leur sang, et je ressusciterai !

Lors, le roi fut blessé au cœur, et l'amour paternel livra un combat cruel dans son sein ; mais il songea comme le pauvre Jehan était mort pour lui, à force d'honneur et de fidélité ; il se leva incontinent, il tira son grand cimeterre, et, du même coup, il fit voler la tête de ses deux fils. Une goutte de leur sang vermeil tomba sur la statue, et déjà la pierre n'était plus pierre : Jehan respirait ; et il s'élançait vers les deux enfants, et il les baisait, et les deux têtes avaient soudainement repris leur place, et les enfants leurs jeux, et leur sang s'évaporait en doux parfum dans les airs.

— Ainsi votre sincérité reçoit sa récompense, dit le sage Jehan.

Et le roi l'embrassa, tressaillant d'aise et de joie.

Sitôt qu'il vit revenir la reine, il voulut l'éprouver, et il cacha le fidèle Jehan et les deux petits dans un cabinet; et dès qu'elle entra, il lui dit :

— Vous venez de l'église? »

— Oui, et je n'ai pu m'empêcher de songer à ce pauvre Jehan qui nous a été si sincère et fidèle.

— Reine, il dépend de nous de le rendre à la vie; mais il nous en coûtera nos deux fils: et il faut les offrir en sacrifice à ce serviteur fidèle.

A ces mots, la reine piteusement pâlit, et ses yeux se couvrirent des ombres de la mort, et le cœur lui faillit; mais l'esprit de Dieu dont elle était pleine lui rendit son courage :

— Soit fait comme vous l'avez dit, fit-elle, nous devons tant à ses vertus!

Et le roi fut dans la joie de son âme, parce qu'elle avait pensé comme il avait pensé lui-même. Et il entra dans la chambre, ouvrit le cabinet, présenta à la reine éperdue et ses deux fils et le fidèle Jehan, et lui conta tout ce qui s'était passé.

— Le Dieu du ciel soit loué! dit-elle, tombant à mains jointes la face en terre : notre fidèle Jehan nous est rendu, et nos deux chers fils sont encore à nous !

Et le maternel sourire brilla au milieu des pleurs. Et finalement, depuis lors, ils continuèrent à vivre en joie et félicité, faisant actes dignes d'être écrïts, et endoctrinant leurs jeunes princes d'humanité, clémence, justice, prudence et autres belles vertus; leur enseignant surtout à ne pas se tapisser sous les mérites de leurs ancêtres, et avant toute chose à valoir par eux-mêmes. Ainsi soit-il à jamais dans tous les siècles des siècles!

Le conte du fidèle Jehan : *Der getreue Johannes*, de MM. Grimm, est de Zwehrn. Il circule à Paderborn, en Westphalie, une histoire à peu près semblable. On trouve beaucoup d'analogie entre ce conte et l'un de ceux du *Pentaméron* napolitain. Dans l'italien, ce ne sont point des corbeaux, mais deux tourterelles qui prédisent les désastres.

Tous les fils de l'aventure sont noués et dénoués par le pouvoir d'un enchanteur, père de la beauté qu'on enlève, et c'est lui qui, pour punir le prince ravisseur, lui suscite des périls.

L'intervention des corneilles et des corbeaux dans les destinées humaines est une superstition de tradition antique ; le Mélibée de Virgile en parle.

On retrouve encore dans le Mecklembourg l'histoire d'un soldat qui découvre le secret d'une grande fortune dans une conversation de corbeaux.

Le lecteur remarquera, sans doute, celui des incidents qui rappelle la tunique du centaure Nessus, donnée à Hercule par Déjanire. Mais ce qui doit frapper le plus, c'est la couleur générale du Conte. Il semble qu'on y soit en pleines *Mille et une Nuits.* Cette analogie est une preuve de plus de la migration des légendes orientales dans notre Occident. Il y a longtemps en effet qu'on a remarqué, dans quelques-unes de celles de l'Europe, de frappantes analogies avec les contes arabes, les histoires persanes du *Livre du Perroquet*, le *Tuhti Nameh*, ou certaines données du poëte persan Nisami. Et certes, les écrivains divers, si fort séparés par les lieux et les temps, qui ont pris le soin de relever les légendes populaires, sont loin de s'être donné le mot. Les sujets de plusieurs des *Facétieuses nuits* de Straparole, qui remontent au seizième siècle, se retrouvent, à la vérité, dans Morlino, dans Boccace, dans le Pogge, dans Machiavel; c'est cependant un livre original où l'auteur s'est seulement retrempé de temps à autre dans les légendes, tandis que les contes du *Pentaméron*, publiés pour la première fois en 1637, au moins cent ans après, sont en réalité l'œuvre de tout le monde. Il ne paraît pas probable en effet, quand on se rend compte de la manière dont l'éditeur les a recueillis, qu'il les ait trouvés ailleurs que dans la tradition légendaire orale, bien que les données des récits rappellent en quelques détails les *Nuits* de Straparole.

Perrault n'est pas non plus un compilateur, un imitateur de cet Italien : il s'est borné à écrire ses contes de Peau d'Ane sous la dictée de la nourrice de son fils; et si les frères Grimm, en leurs contes populaires, se rencontrent si souvent avec les traditions courantes de l'Arabie, de la Grèce, de l'Italie, de la Bourgogne, de la Bretagne, de la Normandie, de l'Angleterre, qui ont toutes indifféremment leurs nains et leurs ogres, leurs géants, leurs fées et leurs Petits-Poucets, ce n'est pas à dire qu'ils aient été autre chose que les secrétaires ingénieux de la tradition orale dans les contrées diverses de l'Allemagne.

Nul doute que les croisades n'aient été au nombre des causes de la transplantation des légendes de l'Orient en Occident. Tout révèle, d'ailleurs, dans les races germaniques, une origine orientale. Le latin et l'allemand, ces deux langues génératrices des idiomes modernes, sont empreints, dans beaucoup de leurs racines, de teintes orientales. Le vieil adage dit vrai : « Toute lumière est venue d'Orient. » Lui emprunter ses traditions, si riches d'imagination et de coloris, c'était, comme dit Gœrres, boire la poésie à sa source. Mais paresseux et insouciant, l'Orient a laissé tarir cette source sacrée, et les traditions primitives, qui sont en quelque sorte les titres de noblesse des peuples vieillis, qui révèlent leurs origines, leurs premiers besoins, leurs premières et intimes passions quand leurs sociétés se formaient, en ont pour la plupart disparu. Et, en effet, n'est-il pas remarquable que les races orientales nomades et conquérantes qui sont venues comme une marée montante fondre sur l'Europe, il y a plusieurs siècles, n'aient laissé derrière elles, malgré tout leur génie si vif, si vigoureusement trempé de poésie, aucun monument dont l'histoire de l'esprit humain ait pu s'enrichir? Aujourd'hui, la diffusion des lumières n'y est plus générale. Les arts, les lettres, les sciences s'y sont éteints, ou du moins n'y sont plus cultivés que par de rares génies qui dominent leur temps. Mais ces génies sont dignes parfois des civilisations les plus achevées. L'homme éclairé qui voyage en Arabie ou en Perse, rencontre de loin à loin tel philosophe, tel politique spéculatif, tel poëte qui prendrait rang parmi les plus éminents de notre Occident si fier. Mais ces hommes ou n'écrivent point ou écrivent peu. Ils se contentent de ces entretiens et de ces causeries dont l'antiquité nous a offert de si fréquents exemples.

LES FOLLETS
ET LE SAVETIER

~~~~~~

Il était un Savetier avec sa Savetière, qui travaillait, travaillait du matin au soir et du soir au matin, et qui était sobre et honnête. Mais, en dépit de tous ses efforts, il ne gagnait pas assez pour vivre, si bien qu'en fin finale il ne lui restait plus au monde pour toute fortune qu'un morceau de cuir, juste de quoi faire encore une pauvre paire de souliers. Le soir donc, après avoir couru tout le jour pour chercher sa vie, il se met à couper son cuir, tout prêt à coudre le jour suivant, se promettant bien d'être à l'ouvrage au premier point du jour. Conscience nette rend le cœur léger. Aussi, en paix se coucha-t-il, le bon Savetier, offrant soucis et misères au Dieu qui console; et, sur ce penser saintement il s'endormit.

Le matin, comme il s'en allait, après ses prières, se mettre à l'ouvrage, ne voilà-t-il pas à son grand étonnement que les souliers à faire étaient là tout faits sur la table. Le bonhomme ne savait que penser. Il tourne et retourne l'ouvrage : dehors, dedans, pas un point qui ne soit à sa place; c'étaient de maîtresses pièces, des souliers modèles, des merveilles de souliers.

L'après-dînée, vient une pratique qui les essaye et les trouve si fort à sa guise, doux à l'usage et bien tournés, qu'elle les veut emporter sur l'heure et les paye plus cher que le prix.

Deux Follets, pas plus grands que cela, et nuds comme la main, vont droit au banc du Savetier, et les voilà qui jouent à qui mieux mieux de leurs petits doigts.

Ravi d'aise extrême, le pauvre Savetier met tout son argent en cuir pour faire deux autres paires, et, avant de se coucher, il coupa et prépara comme la veille, se disant : — Demain à la bonne heure, je serai à l'œuvre. Le coq chante ; l'homme est debout. Soin superflu : la besogne était faite. Deux belles chaussures étaient là sur l'établi, attendant leur pied.

Surviennent bientôt les chalands qui se récrient et grassement payent des chefs-d'œuvre si accomplis. Notre homme alors achète de quoi faire quatre autres paires. — A demain, se dit-il. Et, tout en se promettant d'être sur pied à l'aube du jour, il coupe empeignes et quartiers comme la veille, puis s'endort. Mais, le lendemain, même aventure ; la besogne est faite au réveil. Les choses allèrent ainsi pendant quelque temps : tout ce qu'il avait préparé le soir était fait au matin, fait et parfait, sans qu'il s'en fût mêlé. Aussi, l'échoppe ne désemplissait pas, et le gaillard Savetier était sur le trône.

Un soir, devers la Noël, comme il devisait avec sa femme en tisonnant, il se prit à dire : — Femme, j'ai une idée. Veillons cette nuit, et faisons le guet. Peut-être finirons-nous par découvrir qui, nuitamment, s'en vient au logis et fait la besogne. — Tope ! dit la Savetière. Et lors ils allumèrent une veilleuse, et se cachant dans un coin de la chambre, derrière un rideau qui faisait armoire, bravement ils attendirent événement.

Minuit sonne. Silence ! Tout à coup voici venir deux nains, deux Follets pas plus grands que cela, et nus comme la main, qui vont droit au banc du Savetier, s'y installent, prennent le cuir qui est taillé, et les voilà qui jouent à qui mieux mieux de leurs petits doigts. Poix, marteau, alène et soie, tout vole en même temps, et va e vient que c'est merveille ; et le Savetier stupéfait ne pouvait détacher ses regards de ce tableau vivant. — O les cordonniers finis ! se disait-il à part soi.

Cependant, d'arrache-pied et sans broncher, ceux-ci cousaient, paraient, tapaient, tapaient, tapaient jusqu'à ce que tout fût terminé, qu'il n'y manquât rien, et que les souliers fussent là sur l'établi, prêts à être chaussés. On était lors bien loin encore du point du jour. Soudain ils s'évanouissent comme étoiles filantes, et le Savetier avec sa femme, qui avait eu peine à retenir sa langue, se mit au lit et ne sut dormir.

Le lendemain, celle-ci dit à son homme :

— Hein ! les as-tu vus comme ils opéraient, les compères ! c'est eux qui nous ont faits riches ; il faut être reconnaissants et leur faire à notre tour, s'il est possible, quelque agréable service. C'est pitié de les voir ainsi trotter menu, pas plus vêtus que vers, risque à geler de froid. Qu'en dis-tu ? J'ai envie de leur faire à chacun une petite chemise, veste et culotte, avec un gilet de futaine contre les rhumes ; et toi, tu leur feras de ton mieux de petites chaussures.

L'invention sourit fort au bon Savetier, et tout de suite ils furent à l'œuvre. Un beau jour donc, quand la garde-robe fut prête, ils mirent le tout sur la table au lieu de la tâche qu'ils avaient accoutumé d'y laisser, et puis, le soir, ils se tapirent en leur coin, brûlant de voir comment, cette fois, sauraient s'en tirer les Follets. Vers la minuit, en effet, ils arrivent ; et comme ils allaient s'installer ainsi qu'à l'ordinaire à l'établi, ils avisent l'assortiment de petits habits. Ils se jettent dessus, tressaillant de joie, tapant des mains, riant aux éclats, et secouant en triomphe leur dépouille nouvelle. En un clin d'œil, ils l'essayent, et sitôt qu'ils sont habillés, ils se mettent à danser, valser, gambader, faire la culbute par toute la chambre, comme fols de leur corps. C'était une joie à rire aux larmes, un vrai délire; si bien que, sans s'en douter, le Savetier et sa Savetière s'étaient mis à danser et rire aussi dans leur coin, quand tout à coup, prenant leur essor, les Follets s'échappèrent en valsant devers la campagne, où l'on dit qu'à la même heure ils dansent encore.

Depuis lors, le Savetier ne les revit plus; mais ils avaient ramené l'aisance et le bonheur dans la maison, et le travail du bonhomme les y maintint.

Aide-toi, le ciel t'aidera, dit maître Jean, notre père à tous.

Les Follets et le Savetier, « *Die Wichtelmanner* » de MM. Grimm, sont un conte de tradition hessoise.

Dans sa fable des *Souhaits,* dont il a emprunté la donnée à un conte arabe, la Fontaine a dit :

> Il est au Mogol des Follets
> Qui font office de valets,
> Tiennent la maison, ont soin de l'équipage,
> Et quelquefois du jardinage :
> Si vous touchez à leur ouvrage,
> Vous gâtez tout...

Les Follets de nôtre conte appartiennent à la même classe des génies familiers, bienveillants et travailleurs, instruments de la Providence auprès des hommes. Ils participent du caractère général qu'Olaüs Magnus attribue aux esprits de cette espèce, et rentrent dans la catégorie de ces génies intermédiaires qui président à l'intérieur des maisons *(Hausmanner)* et dont Prætorius (chapitre VIII) a fait ressortir les dons particuliers. Ne se sentent-ils point gênés dans leur action, tout devient zéphir ; ils secouent sur la maison les fleurs de lys d'or de l'abondance et de la paix. Contrariés, tout leur est aquilon ; ils deviennent des trouble-fêtes et les hôtes les plus incommodes. Dans tous les cas, c'est une tribu aussi indépendante que laborieuse. Aucun service ne la rebute. Elle aime le pauvre et élève celui qui s'abaisse ; mais il faut qu'elle ne rencontre que des sourires, il faut qu'elle trouve d'une manière ou d'autre le prix de ses services, et elle se réserve une prélibation dans la source des biens qu'elle répand ou fait naître.

Le savetier a bien quelque peu le mauvais bruit d'être ivrogne, et, vivant à peu près dans la rue, de se mêler volontiers aux rixes et aux mouvements populaires. Mais sa laborieuse ardeur et son intarissable gaieté, dont tous les yeux peuvent être témoins, depuis qu'il a rendu ses cent écus à l'homme de finance de la Fontaine, le font estimer. Il a cette philosophie, et c'est la bonne, qui sait se contenter de peu. Aussi les traditions anciennes de la France et de l'Allemagne le traitent-elles généralement en enfant gâté. Mais une race qu'elles sacrifient cruellement, une race malheureuse, vouée au ridicule, que la chanson de l'artisan se plaît à égratigner, et qui, dans le moyen âge, fut à peine placée un degré au-dessus des animaux domestiques, c'est la race du tailleur. On en avait fait une sorte de créature rudimentaire tenant le milieu entre le quadrupède d'Aristote et certaines espèces abâtardies de la race humaine; comme si notre Septentrion guerrier avait voulu flétrir la main qui laissait l'épée pour l'aiguille. Aussi l'on représente trois tailleurs se rencontrant face à face avec un limaçon. Ils le prennent pour un gros ours et tirent contre lui l'épée. Mais le limaçon montre ses cornes, et les pauvres tailleurs, épouvantés à la vue de ces lances frémissantes, dit la chanson populaire, se sauvent tous les trois, sans regarder derrière eux.

On aurait à l'infini de pareils traits à rapporter. Il y a quelques traditions qui réhabilitent ces malheureux chaussetiers, mais elles sont rares.

LA
LUMIÈRE BLEUE

Un Soldat avait bravement servi son maître nombre d'années, quand, un beau jour, on le congédia sans pension ni récompense. Or, il n'était plus en fleur d'âge ; comment gagner son pain de chaque jour ? De vrai, il n'en savait rien.

Il s'achemina donc vers son village et marcha tout le jour, fort empêché et le cœur tout chargé d'ennuis. Il allait, il allait, tant et tant qu'à nuit fermante, il gagna l'entrée d'un bois épais d'aulnes et de coudriers. Une façon de sentier s'y frayait passage à travers des buissons de verveine. Il le suivit, et il n'avait pas fait cent pas qu'il avisa une lumière qui brillait au loin à travers la ramée touffue. Il y traîna ses pas fatigués, et bientôt il fut à une méchante cabane où nul être vivant n'habitait qu'une vieille Sorcière avec son chat noir. Le malheureux, au bout de ses forces qu'alanguissait encore le chagrin, demanda la couchée pour une seule nuit, et quelque peu à boire et à manger. Il pria, supplia, mais la vieille avait un morceau de bois là où les honnêtes gens ont un cœur, et ne s'amollissait guère à ses instances. Et ce n'était non plus chose facile d'éconduire un si pressant solliciteur. De guerre lasse à la fin, elle lui dit :

— De toi l'on pourrait bien prendre pitié

pour cette fois, mais à une condition ; c'est que demain tu bêcheras mon jardin dès l'aube du jour.

Le pauvre morfondu consentit de grand cœur à tout ce qu'exigeait la Sorcière ; au moyen de quoi il prit chez elle ses quartiers.

Le jour suivant, il tint parole; et avant l'aurore, il tracassa, bêcha, rebêcha le jardin, non à la guise de ces mal-appris qui violent et font avorter la terre et meurtrissent les arbres, mais gentiment et de bonne humeur, en habile et gai compagnon. En travaillant il se disait :

— Quand Dieu eut fait l'homme, il le colloqua dans un jardin. M'est avis que je ferais que sage de me retirer au labeur de terre, étant chose juste et plaisante devant Dieu. Ainsi fantasiant, la bêche allait son train. Mais la besogne dura toute la sainte journée; et le soir, quand la vieille le voulut congédier, il dit :

— Je suis si fatigué de l'œuvre du jour, que le cœur me fault. Au nom du ciel, gardez-moi cette nuit encore. Enfin, à force de paroles, il gagna son procès, quitte à couper, le lendemain, à la vieille, une bonne charretée de bois.

Cette tâche, il la remplit fidèlement comme la première ; mais ce ne fut avant la chute du jour, et alors il se sentait si harassé du déduit, qu'il demanda une troisième nuit de repos. A grand'-peine il l'obtint encore, mais sur sa parole que, le lendemain, il irait quérir à la Sorcière la Lumière bleue qui brûlait au fond du puits.

Le matin venu, elle le conduisit au bord du puits, l'attacha à une longue corde et le fit couler bas. Et, en effet, il trouva au fond la Lumière bleue, comme l'avait annoncé la Sorcière ; et alors il lui fit signe de le remonter. Mais sitôt qu'elle l'eut hissé vers le bord, à portée de ses vieux doigts crochus, elle lui dit d'un ton bénin et doucereux :

— Passe-moi la lumière, mon mignon, que je la mette d'abord en sûreté ; lui mitonnant un tour, la rusée vieille, et s'apprêtant bien et beau à lui laisser faire la culbute, après s'être emparée de la lumière. Mais le Soldat, bien avisé, avait démêlé sa malice.

— Oh ! que non pas ! fit-il ; je lâcherai la lampe quand je serai dehors. La vieille insista, le Soldat tint bon. Alors l'enragée Sorcière n'eut plus sa tête, et, dans sa fureur, elle fit faire au Soldat un violent plongeon au fond du puits avec la Lumière bleue, ce trésor qu'elle ambitionnait cependant avec tant d'ardeur, depuis longues années! — Imprudence, colère et méchanceté sont sœurs.

Quand le pauvre diable, tout endolori de sa chute, et tout souillé de vase, eut vu son tombeau dans cette basse fosse, il fut saisi d'un amer désespoir; et mille affreuses chimères bourdonnaient en sa tête; et la faim et la soif, et la honte d'être vaincu par une vieille, lui, gibier de champ de bataille; tout: besoin et colère, le déchirait à la fois. Mais soudain, se signant, il fit ses prières, et, comme par enchantement, le calme lui revint au cœur. Lors, entrant en dispute avec sa propre pensée, il disait : — Qu'est-ce qui t'attriste, mon âme? Vraiment, il fait beau te plaindre! Vois donc comme Daniel, qui fut bien pis dans sa fosse aux lions, s'en tira sans égratignure! Et ainsi qu'il était en tel débat d'esprit, l'espoir en Dieu lui rendit courage. Et voilà que, de fortune, sa pipe se trouvait dans sa poche, mi-pleine : —

Viens, ma vieille, dit-il, que je meure, du moins, en te fumant encore, et te doive ma dernière joie en ce monde. Lors, il alluma sa pipe à la Lumière bleue, et fuma.

Par quoi des flots de fumée s'élèvent autour de lui, et tout à coup, du milieu du nuage sort un petit nain noir.

— Soldat, que me voulez-vous? dit-il.

— Moi! je n'ai que faire de toi! répond l'autre.

— Mais, répliqua le nain, je suis tenu de vous obéir en tout et pour tout, comme au seigneur et maître de la Lumière bleue.

— Ainsi, tu me peux donc tirer d'ici?

— Sûrement.

— Vrai! Eh bien! attends un peu, mon cher, que j'aie fini de fumer ma pipe.

Et, tranquille, il continua. Par après, quand le tabac fut fini :

— Or sus! dehors! s'écria-t-il.

Aussitôt dit, aussitôt fait. Le nain le prend par la main et l'enlève dehors comme une plume, avec la Lumière bleue, bien entendu.

— Maintenant, l'ancien, fais-moi un autre plaisir, dit le Soldat. Va, je te prie, me quérir la vieille, et la mets à ma place au fond du puits.

Sitôt que le nain eut fait cette besogne et qu'à son tour la vieille barbota dans la fange, ils mirent tous deux au pillage ses mines d'or et de pierreries, et le soldat ne se fit faute d'enfouir dans ses poches le Pérou et ses trésors.

— Adieu ! dit le nain après l'expédition. Si vous avez jamais besoin de moi, vous n'avez qu'à allumer votre pipe à la Lumière bleue, et je serai à vous incontinent.

Le Soldat fut dans la joie de son cœur, quand il vit sa chance, et il choisit, entre les plus belles, la meilleure auberge de la ville voisine, où il entra ; et il retint la plus belle chambre, et il se commanda de beaux habits, et il se fit dresser un superbe gigot de mouton à la braise sur un plat d'argent. Quand tout fut prêt, il appela son petit bout d'homme, et lui dit :

— Tu sauras, mon cher, que le roi m'a renvoyé comme un petit saint Jean, sans un sou vaillant dans ma poche, et sans autre paye et pension que la faim et la misère. Son royaume est gouverné à la diable : un chacun n'y a pas de rentes ; un chacun n'y est pas libre d'avoir ou de n'avoir pas faim. J'ai une idée, c'est de lui donner un peu sur les doigts et de lui faire voir que je suis le maître à mon tour. Je veux que, ce soir, entre chien et loup, tu m'apportes sa fille, pour qu'elle me serve de femme de chambre, et que je lui dise à mon aise : — Nicole, apportez-moi mes pantoufles !

— Oh ! oh ! dit le nain, c'est là une audacieuse tentative.

Et cependant il partit, enleva de son lit la belle jeune princesse, profondément endormie, et la charriant mollement dans les airs sur un nuage à deux places qu'il avait pris en chemin, l'apporta au Soldat.

Avant l'aurore, il la reprit et la reposa sur sa couchette. Et sitôt qu'elle vit son père, elle lui dit :

— J'ai eu, cette nuit, un songe étrange. Ne sais comment j'étais emportée à travers les airs dans la maison d'un Soldat, et lui servais de femme de chambre.

Le roi fut fort surpris d'une pareille aventure; mais il lui dit de faire un trou à sa poche et de

Alors, l'enragée sorcière n'eût plus sa tête et fit faire au soldat un violent plongeon au fond du puits avec la Lumière Bleue.

Alors, l'enragée sorcière n'eût plus sa tête et fit faire au soldat un violent plongeon au fond puits avec la Lumière Bleue.

la remplir de petits pois ; par quoi, si les choses se passaient encore comme elle l'avait dit, et que ce ne fût pas un rêve, les pois coulassent le long des rues sur son passage, et que la trace pût en être suivie jusqu'à la maison du coupable.

Elle le fit ; mais la mèche était éventée : le nain avait tout entendu. Et quand ce vint au soir et que le Soldat lui commanda d'apporter la princesse, il parsema les rues de petits pois par toute la ville, et le peu qui en tombèrent dans la vraie voie, de la poche de la jouvencelle, n'auraient pu se distinguer des autres. Et tous les polissons de la ville, qui n'en avaient jamais tant vu, passèrent tout le jour à les ramasser pour jouer à la poquette, s'émerveillant d'où venait cette pluie miraculeuse.

Quand la princesse eut conté à son père ce qui lui était arrivé une seconde fois, le roi, qui se douta que, la veille, on avait écouté aux portes, dit tout bas à l'oreille de sa fille :

— Prenez dans votre poche l'une de vos pantoufles, et cachez-la dans la chambre où l'on vous conduit.

Vainement le nain se glissa-t-il en tapinois

tout près du prince, pour happer le secret au passage : impossible. Alors, quand le Soldat lui ordonna d'apporter de nouveau la fille du roi :

— C'en est fait, lui dit-il, je ne puis vous sauver cette fois : il vous pend à un fil une vilaine épée sur la tête, si vous êtes découvert, et sûrement vous le serez.

— On te dit d'obéir sans tant de façons, prophète de malheur !

— Alors, fit le nain tout marri, tâchez à tout le moins de vous garantir ; fuyez, et que la première pointe du jour vous voie bien loin des portes de la ville.

Il dit, et fut enlever la princesse. Mais celle-ci avait caché dans sa poche une de ses petites pantoufles, et adroitement la glissa dans un cabinet. Et quand elle fut de retour au palais de son père, le roi envoya tous ses gardes en quête de la pantoufle par toute la ville. A la fin, on la trouva. Pour le Soldat, qu'on croyait tenir, adieu ! l'oiseau était déniché dès avant l'aurore ; mais ayant batelé sur la route à fumer sa pipe, l'étourdi fut bientôt rejoint, mis en cage et chargé de chaînes. Mon Dieu ! mon Dieu ! mon

Dieu! Et le pis, c'est que dans l'émoi et la grande hâte de sa fuite, il avait oublié sur sa table sa ressource universelle, la Lumière bleue, avec tout son or ; et dans sa poche, il n'avait plus qu'un pauvre petit ducat.

Il était donc à songer, le nez au soupirail de la prison, tout tari et desséché de tristesse et d'ennui, quand vint à passer l'un de ses vieux frères d'armes. Il l'appela et lui dit :

— Si tu veux m'aller quérir dans l'auberge une petite lampe bleue que j'y ai laissée, je te donnerai un ducat.

Le camarade, qui trouve que c'est argent facilement gagné, y va sur-le-champ, et revient bientôt apportant la lampe miraculeuse qu'il trouvait laide, n'en connaissant pas les secrets. Vitement le prisonnier allume sa pipe au lumignon bleu. La fumée s'élève, et avec elle paraît notre vieux ami le petit nain.

— Soyez sans peur, maître, dit le serviteur de la lumière ; faites bonne contenance à votre procès, et laissez les choses aller leur train. Mais surtout ne manquez pas d'apporter la Lumière bleue.

Cependant, se leva le jour, le grand jour des débats solennels. On passa au crible de la plus fine éloquence cette cause célèbre. Ce fut, de part et d'autre, un plaisant assaut de sapience, d'esprit et gentilles sentences. Conclusion : Le cas fut trouvé pendable, et le coupable condamné à être accroché haut et court à la potence, et, comme aucuns disent, lancé dans l'éternité.

Or, quand on le conduisit au supplice, il dit qu'il avait une grâce à demander au roi.

— Et laquelle? fit le monarque fronçant le sourcil.

— Que mon seigneur le roi me donne congé de fumer une pipe sur la route.

— Deux, si tu le veux. Allume à la mienne.

Mais le patient, mieux avisé, allume à la Lumière bleue, et le nain noir était à son poste au même instant.

— Fais-moi l'amitié de mettre en fuite toute cette canaille : courtisans, bourreaux et public, dit le Soldat, et, pour le roi, coupe-le-moi bel et bien en quatre, sans miséricorde.

Incontinent, le nain joue de sa baguette autour du condamné, et bientôt l'eut dégagé de toutes parts, d'un geste faisant ouvrir les flots de populaire, comme autrefois s'ouvrirent ceux de la Mer Rouge, et tous les spectateurs, hommes, femmes, enfants, se ruaient en arrière les uns sur les autres. Mais le roi, demeuré seul sur son estrade, ne savait où cacher sa peur et demandait grâce et merci. Par quoi, voulant sauver sa vie, il convint de donner à femme la belle jeune princesse au Soldat, et lui laisser le royaume après sa mort.

Et le Soldat, tombant la face en terre, et adorant Dieu, se prit à s'écrier en son esprit, disant :

— Je puis à présent dire comme le prophète David, ton digne serviteur : « Et qu'est-ce que de l'homme, que tu daignes jusqu'à lui te rabaisser, et malgré tant d'égarements, de faiblesses et de fautes, le couronner de gloire et d'honneur ! »

La lumière bleue, *Das blaue Licht*, de MM. Grimm, est une histoire de Mecklembourg.

La collection des contes hongrois de Georges Von Gaal (Vienne, 1822) contient un conte analogue à celui-ci, sous le titre de *la Merveilleuse Pipe de tabac*.

La *Lumière bleue* est loin, quant à l'imagination et la richesse des détails, de la *Lampe merveilleuse* des contes arabes ; mais on ne peut s'empêcher de remarquer que le nœud surnaturel de l'action est le même. L'enlèvement de la jeune princesse, apportée chez le soldat par l'esclave de la *Lumière*, rappelle également l'enlèvement de la princesse Badroulboudour, fille du sultan, par l'esclave de la *Lampe*.

Sorte de liberté anticipée de la presse, les traditions et les légendes populaires s'inquiètent peu si elles font bon marché des rois. Elles qui avaient raccourci à la taille bourgeoise la majesté divine, comment ne se seraient-elles pas mises à l'aise à l'égard des puissants de la terre ? Dans les légendes allemandes, les rois ne manquent guère d'assister en personne aux exécutions, et ces exécutions sont toujours, alors comme aujourd'hui, un spectacle dont le peuple est avide de se repaître. Peut-être est-ce là un des derniers échos des joies sanglantes du cirque romain. Et puis, ces mœurs des princes furent loin d'être une fiction au moyen âge. Jetés si souvent au milieu du carnage, comme leurs peuples tout bardés de fer ; luttant parfois corps à corps avec leurs ennemis, ces chefs de guerriers se familiarisaient avec l'odeur du sang, et rendaient souvent une justice sommaire de leur propre main, à la manière des Orientaux. C'est au quatorzième siècle (en 1396), que les Turcs de vieille roche peuvent se vanter d'avoir eu l'exemple le plus classique de ce genre, quand Bajazet, après la bataille sanglante de Nicopolis, fit égorger, sous ses yeux, depuis quatre heures du matin jusqu'à quatre heures du soir, dix mille chrétiens grecs prisonniers, et n'arrêta cette affreuse boucherie qu'après que ses vézirs et ses pachas lui eurent demandé à genoux d'épargner à leurs yeux tant d'horreurs.

Et sans remonter si haut, n'a-t-on pas vu, dans les premières années de son règne, Pierre le Grand faire appliquer devant lui la question à des malheureux, et leur casser les dents de sa propre main, s'il refusaient de parler? Mais, hâtons-nous de le dire, c'est le même homme qui, calmé par ses voyages, par l'âge et par l'expérience, alla, dans sa vieillesse, jusqu'à défendre qu'on offensât, même par des paroles, les révoltés qui venaient demander grâce.

LA

TREMPE MIRACULEUSE

En ce temps où l'on avait foi dans l'art et en soi-même, un de ces hommes de volonté patiente et vigoureuse, comme il n'y en a guère, artistes d'âme et de cœur comme il n'y en a pas, était coutelier-fourbisseur, à Langres, la ville de fer et d'acier. Il passait nuit et jour embesogné à la recherche de la *Trempe miraculeuse*, pilant et broyant, pour en tirer le jus, des épines, des orties et des ronces, mélangeant les métaux, chauffant ses fourneaux à blanc, et se cachant et agitant en telle diligence comme homme qui eût fait œuvre de ténèbres.

— Il est fou, disait l'un.

— Il tente à faire de l'or, disait l'autre.

— Non, c'est de la fausse monnaie, disait un troisième.

— Il a souscrit un pacte avec le diable, disait un autre encore.

Sortait-il, ses amis et compères le fuyaient, et les enfants lui voyaient déjà pousser queue au derrière et griffes aux orteils et talons. Par quoi toutes ses ressources d'argent et de crédit étaient taries et desséchées. Et tous autour de lui s'écriaient :

— Il lui appartient bien de mourir de faim, parce qu'il délaisse son métier.

De plus, en sa maison, nul repos. Il avait

deux filles aux nourrices et ne pouvait payer les salaires. Et puis, son démon d'enfer, sa femme, le pourchassait et persécutait incessamment de querelles et malédictions. Et puis encore, ses autres filles, déjà en fleur d'âge, lui perçaient le cœur en lui demandant du pain. Peu s'en fallut que de douleur il ne devînt fou furieux et ne se jetât la tête la première dans sa fournaise ardente. Enfin, en se travaillant à tels soucis, labeurs et affaires, l'espace de plus de dix ans, il se trouva si fort écoulé en sa personne que ses bas de chausses lui tombaient aux talons, et qu'il n'avait plus apparence humaine, semblant un spectre décharné sorti de la tombe.

Mais l'étincelle du génie, l'enthousiasme, soutenait virilement ses esprits, et quelques grosses de menue coutellerie qu'il faisait le nourrissaient tellement quellement avec sa famille. Notre homme donc, tout battu en brèche qu'il fût de toutes parts par l'ignorance ou l'envie, demeura constant et ferme comme une tour assaillie des vents, et multipliant essais sur essais, il finit par dompter la nature et lui ravir ses secrets. D'abord, ce fut une lame qui, d'un trait, coupait un tronc de pommier; puis après c'en fut une autre qui, sans s'ébrécher, tranchait net un gros tronc de chêne. Puis enfin, triomphant, un jour, par un dernier effort, il s'écria hors d'haleine, comme Archimède autrefois :

— Je l'ai trouvée! je l'ai trouvée!

Et en effet, il avait découvert la *Trempe miraculeuse*, et il put faire une faulx et une épée à deux mains qui coupaient comme paille la pierre, le fer et l'acier.

Il fourbit également un rasoir, non pas à guise de ces rasoirs anglais indolents et rétifs sous lesquels il croît une barbe nouvelle; mais un tranchant qui faisait peur au poil, et de lui-même vous polissait le menton à plaisir; une lame, en un mot, si subtile et de si merveilleuse finesse et ténuité, qu'elle coupait en deux un marbre sans laisser plus de trace qu'un coup d'épée dans l'eau.

— Mais, se dit-il un jour, m'est avis que ces aciers me connaissent et que c'est peut-être l'accoutumance qui les rend invincibles en mes mains. Voyons un peu ce qu'ils seraient aux mains d'un autre.

Et il dit à son serviteur :

— Demain, à la bonne heure, sois à la prée avec la faulx, et fais les foins.

Et vers la minuit, secrètement et sans bruit, il se lève et s'en va planter, cy et là dans la prairie, d'énormes pieux de fer. Et le lendemain, le serviteur est à la besogne et bientôt revient.

— C'est fait, dit-il.

— Bien! mais la faulx n'a-t-elle rencontré parmi les foins quelque pieu égaré, quelque caillou qui l'aient ébréchée?

— Rien, rien, fit l'autre, elle courait à travers champs comme folle échappée, abattant tout devant elle, voire les saules et roseaux des étangs voisins.

Adonc, le Coutelier voulant faire un même essai de son épée, la prêta au grand connétable Bertrand du Guesclin, partant pour la Guyenne à l'encontre des Anglais. Et l'épée miraculeuse, toujours au front de bataille, au chaud du combat, répandait de toutes parts le désordre et l'effroi, emportant les têtes, pourfendant casques et cuirasses, et faisant dans les bataillons des trouées sanglantes, au cri de *Notre Dame Guesclin!* Si dit-on alors que l'ange exterminateur avait porté l'oriflamme et combattu pour la France; et le roi Charles le Sage enrichit le Coutelier des dépouilles des vaincus, et les chroniqueurs ajoutent que ses filles furent dotées et données à femmes, par les soins du roi, aux plus beaux et vaillants hommes d'armes.

Cependant la gloire de telle prouesse fit éclat et s'épandit au loin, et il ne fut bruit en France, à la cour et à la ville, sous le chaume et sous les verroux des moustiers et des prisons, que du Coutelier de Langres. Lors arriva qu'un grand criminel, condamné à la décollation, demanda à voir l'auteur de la *Trempe miraculeuse*.

— Sire Coutelier, lui dit-il, votre rasoir ferait-il bien d'un coup sauter ma tête?

— Comme celle d'un pavot.

— Mais ça ferait beaucoup de mal?

— Sans douleur.

— Vrai!

— C'est fait cependant. Te l'avais-je pas dit ? Mouche-toi plutôt.
Le décollé se mouche, et la tête, dérangée de son assiette, tombe sur le carreau.

— Oui, c'est à ne pas le sentir ni s'en apercevoir.

— Eh bien ! coupez-la-moi, de grâce, puisqu'il en faut finir.

— Le Coutelier s'y refusa d'abord ; mais l'autre fit une si longue prière, disant que c'était charité de sauver au patient les angoisses et tortures du supplice, qu'il tira la lame et dit :

— Eh bien ! y es-tu ?

— Oui.

Le Coutelier lève légèrement son bras, la main armée du rasoir :

— C'est fait, dit-il.

— Allons donc ! reprend le supplicié, vous vous moquez ; je n'ai rien senti.

— C'est fait, cependant. Te l'avais-je pas dit ? Mouche-toi plutôt.

Le décollé se mouche, et la tête, dérangée de son assiette, tombe sur le carreau.

Mais aussitôt l'honnête Coutelier prit la faulx, l'épée et le rasoir :

— Que maudit soit mon secret ! s'écria-t-il. Par lui je suis riche, il est vrai, et j'aurais pu m'enrichir encore ; mais assez d'instruments de destruction, de supplice et de mort sont aux mains des hommes. La probité est la vertu du pauvre, que la vertu soit la probité du riche.

Alors, saisissant un marteau, il brisa ses merveilleux chefs-d'œuvre. Si le secret en est-il perdu aujourd'hui, et ne reste-t-il plus de la *Trempe miraculeuse* que les débris de ces lames conservés curieusement dans les musées de Langres, de Tolède et de Damas? On en montre un encore au musée de Paris, mais l'authenticité en est douteuse.

La Trempe miraculeuse. — Tradition des environs de Langres.

J'avais visité ce pays, de compagnie avec l'excellent artiste Jules Ziegler, à qui l'on doit la peinture de l'hémicycle de l'église de la Magdeleine. Nous nous y donnâmes le plaisir que s'étaient donné les frères Grimm, en nous faisant raconter des traditions par une vieille nourrice, et je puis dire que notre patiente curiosité fut aussi inépuisable que sa mémoire, tant les hommes aiment à « se rebercer, » comme dit

Schiller, « dans les rêves de leur printemps ! » C'est d'elle que j'ai entendu le récit qu'on vient de lire. Nombre de ses contes présentaient des analogies frappantes avec ceux de la Bourgogne, de la Bretagne et de l'Allemagne, et ces récits qui sont devenus l'œuvre de tout le monde, sans appartenir à personne, étaient d'une mélancolie douce ou d'une gaieté naïve et souvent intrigués avec habileté.

Beaucoup d'entre eux offraient des traces du double courant d'idées qui traversa les esprits lors de l'établissement du Christianisme. C'était tantôt un vaurien qui, après avoir figuré dans les folles orgies des mystères de la bonne Déesse, après être descendu aux enfers pour y troubler le cœur de Proserpine et y gagner aux cartes contre Pluton les âmes de ses amis, finissait par donner un dîner au Sauveur et se glisser en contrebande au paradis avec les âmes damnées de ses compagnons, cachées dans des bouteilles de vin de lacryma-christi; tantôt c'était un homme qui avait eu le mérite de faire une bonne action, s'était voué ensuite au diable dans un moment de détresse, avait vécu en fou et remplacé le bon sens par des visions éthérées à l'égal des hallucinations de l'opium ou du haschisch, et qui par la protection de sa bonne action retrouvait la raison et se faisait entrebâiller la porte du paradis. Là, il appelait l'archiviste du saint lieu; on cherchait dans le livre de vie le récit de son bon déportement, et quand on l'avait trouvé, il se cramponnait au livre, et s'écriait : Je ne sortirai pas d'ici, je m'assieds sur ma bonne action. Et le Christ n'était pas plus sévère cette fois que la première.

Souvent les légendes populaires de la vieille étaient braves, hardies, résolues, et côtoyoient les récits authentiques, sans qu'elle y entendît malice ; et ses traditions, ses chants de la veillée usurpaient l'autorité de l'histoire. Elle mettait en jeu Charlemagne et les pairs, Du Guesclin, Jeanne d'Arc et Dunois ; et du sein de cette confusion sortaient des éclairs d'imagination brillante ou bizarre, plus souvent absurde, et des élans de cœur d'un patriotisme chaleureux.

A la même époque, Ziegler et moi, nous vîmes au même lieu représenter des mystères comme on en jouait jadis, au moyen âge, aux fêtes de Pâques et de Noël, et dont nous n'avons plus que de rares exemples en notre France. La scène avait été établie dans une grange ; les acteurs, affublés avec plus de goût qu'on ne s'y serait attendu, jouèrent, sous les yeux du bon curé du canton, avec une onction, une intelligence, un ensemble dont nous fûmes profondément frappés. Tous les villages environnants étaient accourus à cette représentation de tradition fort ancienne, et la tenue respectueuse des spectateurs nous transporta dans un autre âge. Notre bonne vieille nous assura avoir déjà assisté à une quinzaine de ces représentations.

Six ans après, en septembre 1850, Ziegler et moi nous nous retrouvions à la plus curieuse représentation de même nature, à Ober Ammergau, dans le Tyrol bavarois, et nous fûmes forcés de reconnaître que c'était un des plus prodigieux et poignants spectacles auxquels nous ayons jamais assisté.

Il y a plus de deux siècles que, tous les dix ans, les scènes de la Passion sont exécutées par les habitants demi-sauvages de ces montagnes écartées, auxquelles il ne manque que des spectateurs pour en faire autant d'admirateurs. Cette coutume a une origine touchante. En 1634, une maladie contagieuse ravageait cette partie de la Bavière. Déjà plus des deux tiers du village d'Ammergau avaient succombé, quand les débris de la population firent vœu, pour eux et pour leurs descendants, de représenter, tous les dix ans, les scènes de la Passion, s'il survivaient au fléau. La maladie ayant cessé presque sur-le-champ, les habitants mirent sans retard leur vœu à exécution. Le pasteur du village composa une sorte de drame religieux, dans lequel il mit en action les faits principaux de la vie de Notre-Seigneur, depuis sa naissance jusqu'à son entrée à Jérusalem et sa résurrection. Il y joignit quelques épisodes de l'Ancien Testament, pour mieux faire ressortir les liens qui unissent l'ancienne alliance à la nouvelle. Depuis lors, cette œuvre d'une naïveté toute primitive a eu régulièrement sa représentation décennale sans nul changement jusqu'à nos jours. La musique seule, qui accompagne quelques parties de l'ouvrage, a subi de légères modifications, il y a une cinquantaine d'années. Les costumes sont encore ce que les ont faits les traditions des premiers dessinateurs de 1634, élèves des Wohlgemuth, des Burgmaier, des Schauffelein, des Albert Dürer. C'est un style gothique qui voudrait être oriental. La roideur, non dépourvue d'une certaine grâce, des paysans acteurs imite curieusement celle des personnages sortis du pinceau ou du crayon de ces maîtres, et les attitudes répondent à ravir aux costumes. On dirait les tableaux du seizième siècle descendus de leurs cadres.

Dans une vallée, ceinte partout de montagnes boisées, et digne des plus beaux spectacles de la nature suisse et des Pyrénées, s'élève le théâtre, qui se compose d'une scène fermée et d'une vaste avant-scène où se développe l'immense concours de figurants appelé à prendre part à la représentation. Comme dans le théâtre antique, le chœur explique et commente l'action. L'un des coryphées prononce en plusieurs points, entrecoupés des chants du chœur, un véritable sermon, fort goûté de ceux qui comprennent. La musique accompagne, grave et, à vrai dire, un peu monotone. Musiciens, chanteurs, acteurs, décorateurs, au nombre de trois à quatre cents, tous appartiennent au village, et jamais aucun concours étranger n'a été admis. Guidés par la seule tradition, ces bonnes gens atteignent à un degré de puissance imitative et d'exécution scénique qui a étonné des acteurs de profession. Tous ces paysans sont, il est vrai, des manières d'artistes, car le village entier se compose de ces sculpteurs en bois, dans le genre de ceux de la Suisse et de Nürenberg, dont les figurines sont exécutées avec tant d'adresse et d'entrain, et se vendent parfois si cher. Ce ne sont pas moins des hommes de pur instinct, qui n'ont reçu d'autres conseils que ceux de la nature, n'ont jamais quitté leurs montagnes, et n'ont de leur vie assisté à nos représentations théâtrales. Infidèle à la tradition de deux siècles, une seule des actrices, celle qui devait représenter la Vierge, voulut en 1850, assister au grand théâtre de Munich, pour y faire quelques études. Mal lui en prit : l'art tua le naturel ; la Vierge rapporta dans les montagnes le ton larmoyant du drame moderne, et fit contraste avec la justesse naïve d'expression des autres acteurs. Le Christ était vraiment fort beau de tout point. La dignité, la sévérité de son costume, la noblesse souveraine de ses attitudes et de ses gestes, le calme pénétrant et résigné de son regard, avaient vivement frappé Ziegler. La scène de la mise en croix surtout a été rendue d'une façon prodigieuse. On se sentait déchiré à entendre les coups du marteau fatal poussant les clous dans les mains et les pieds du Christ et à voir couler le sang de l'Homme-Dieu. L'illusion causée par la manœuvre adroite des acteurs était complète, et les derniers instants du crucifié furent d'un abandon, d'une vérité, d'une résignation éloquente qui firent courir le frisson dans les membres de tous les assistants. La Vierge, femme d'une rare beauté, était peut-être un peu trop jeune ; mais les traditions de la peinture nous ont si bien habitués à ce genre d'anachronisme, que l'illusion n'en a pas été trop contrariée. Quant à la Magdeleine, on n'aurait pu en souhaiter une plus habile, plus repentante et ornée de plus beaux cheveux.

Somme toute, douze représentations ont eu lieu devant le plus immense concours de spectateurs accourus de cinquante lieues à la ronde. L'aspect grandiose de la nature n'avait pas peu contribué à rendre la représentation plus saisissante. Chose bizarre, mais vraie, les touristes, qui ne suivent guère que les sentiers battus et ignorent ces magnifiques retraites, formaient le plus petit nombre parmi les assistants. Tout ce qu'il y avait de prêtres disponibles se pressait à la représentation; la reine de Bavière assistait à la dernière avec nombre des premiers personnages de Munich. Citadins, villageois, tous avaient pris une part émue et respectueuse à ces représentations sacrées, qui chez nous seraient presque partout d'une exécution si difficile. Fille de Voltaire et du doute, notre génération moqueuse discuterait le plus souvent au lieu de sentir devant ces images de notre antique foi, tandis que pour le paysan tyrolien, sentir c'est croire. Pour lui, ce n'est pas la curiosité d'un spectacle, c'est un intérêt religieux qui l'attire. Du moins, pendant l'exécution du mystère, l'attitude pénétrée du spectateur n'avait pas été la partie la moins curieuse du spectacle.

Les douze représentations ont rapporté à la commune environ vingt-cinq mille francs, déduction faite des frais de mise en scène et autres, qui sont considérables. Les acteurs ne prélèvent sur la masse qu'une somme égale pour chacun d'eux à celle du produit de son travail journalier. Le reste a été affecté à des travaux d'utilité générale, par exemple à l'amélioration des routes et à la création d'une école de dessin pour les tailleurs d'images.

Telle est la solennité, tout à fait digne du moyen âge, de ces représentations du Tyrol bavarois. Le spectacle religieux des environs de Langres était, comme on l'a vu, beaucoup plus modeste. Il s'exécute quelque chose d'analogue à Céret, dans les Pyrénées-Orientales. Après la moisson, les habiles du lieu se réunissent avec leurs amis des villages voisins, et, sous la présidence du curé, on met en scènes l'Ancien et le Nouveau Testament. On commence par la première tentation dans le paradis. Le démon est un petit drôle affublé d'un masque de serpent, et qui siffle du haut d'un arbre où il est grimpé. Adam, vêtu d'un pantalon et d'une veste brunâtres, est censé dans le déshabillé primitif de la Genèse. Pour Ève, on choisit le plus joli jeune homme de l'endroit ; il a pantalon et veste de nankin, couleur de chair convenue. Le Père Éternel est coiffé d'un tricorne à la mousquetaire, et ce sont les gendarmes de service dans le canton qui jouent le rôle des soldats romains et conduisent le Christ au calvaire. Le curé est assis sur l'estrade à côté d'un rustique Pilate qui, ce jour-là, se lave les mains. La représentation commence à six heures du soir et finit à six heures du matin, sans autre repos que les entr'actes, qui marquent le renouvellement des scènes. Il y a nombre d'années que les choses se passent ainsi à Céret et sur d'autres points des Pyrénées. L'exécution varie peu. Ce qui surtout est constant, c'est le profond recueillement des populations en présence de ces saintes mascarades. Le malheureux qui se permettrait d'en sourire serait infailliblement lapidé.

JEAN ET MARGOT

CE QUE C'ÉTAIT QUE MARGOT.

Quelle est donc cette petite qui pétille, trotte et frétille d'un air coquet, avec pointe en dentelle et souliers à talons rouges?

C'est l'agaçante petite servante Margot, à l'œil

éveillé comme l'esprit, qui va faire son marché au hasard de ses dix-huit ans. Voyez comme elle pirouette de ci, de là, le sourire sur la lèvre, la rose sur la joue, la joie au cœur, caressée et mignardée par les muguets. Elle se rit, se chérit et s'aime ; et se donnant de gentils petits soufflets en façon de caresses, elle se dit : — Dieu de Dieu ! la jolie fille que je fais !

Et, de vrai, c'est bien la plus nette et frisque petite femelle.

Et quand elle rentre à la maison, elle avale une ou deux gorgées de bon vin vieux pour réconforter les esprits et entrailles de mademoiselle. Et comme après boire vient l'appétit, car tout s'enchaîne et se lie en ce monde, elle se prend à goûter un peu de tout ce qu'elle prépare en sa cuisine, se disant : — Ne faut-il pas qu'un officier de bouche se rende compte du goût de tous ses mets ?

Or, advint, un jour, que son maître lui dit :

— Margot, j'ai, ce soir, un ami à souper, faisnous rôtir deux belles perdrix.

— Suffit, monsieur.

Lors, elle choisit les deux pauvrettes, les plume, les trousse et les met en broche, et quand ce vient la brune, elle allume le feu, et la voilà qui tourne et retourne la broche, et les perdrix se dorent à plaisir, et Margot les arrose et les tourne et tourne encore, et, pour se donner du cœur à l'ouvrage, elle chante entre ses dents cette ronde villageoise :

> Il est pourtant temps,
> Pourtant temps, ma mère;
> Il est pourtant temps
> De me marièr.
> — Ma fill', nous n'avons pas d'argent.
> — Ma mèr', nous avons du froment :
> Que ne le bat-on?
> Que ne le moud-on?
> Que ne le vend-on?
> Que ne me marie-t-on [1]?

Quand enfin le couple fut cuit à point et bon à dresser, voilà que l'hôte n'arrivait pas.
— Maître, crie alors Margot, si votre ami enfin n'arrive, il me faut débrocher mes perdrix; mais ce serait vraiment pitié de ne pas les

---

[1] Chanson populaire de la Bourgogne.

manger à cette heure qu'elles sont chaudes et si belles.

— Bon, dit le maître, je vais le quérir, je cours lui dire que la chose presse.

Avait-il à peine le dos tourné, que Margot arrête sa broche, la retire du feu, flaire ses perdreaux, et, la main appuyée sur le manche de sa broche comme un empereur romain sur son épée, elle donne audience à ses sages pensées :

— Voyez donc comme de rester ainsi devant le feu vous tarit et vous altère ! Qui sait combien de temps ils vont demeurer encore? M'est avis qu'il y aurait prudence, en attendant, à descendre à la cave se rafraîchir un petit.

Si courut-elle à la cave, mit à terre son cruchon, tourna la cannelle, et dit : — A ta santé, Mimi Margot! Et gentiment elle sabla savoureusement une belle et bonne gorgée, puis une seconde.

— Quel velours! fit-elle, ce vin-là est un ami de cœur!

Et vite et vite, mademoiselle Trotte-menu

remonte, remet la broche au feu, graisse un peu les deux victimes, et gaiement se remet à tourner et retourner comme devant : — Tourne, tourne, ma broche ; tourne, tourne et tourne encore. Tra la la la, la, la, la, la ! Et avec l'accompagnement obligé du tournebroche, elle continuait son fredon populaire :

> Il est pourtant temps,
> Pourtant temps, ma mère ;
> Il est pourtant temps
> De me marièr.
> — Ma fill', nous n'avons pas d'habits.
> — Ma mèr', nous avons des brebis :
> Que ne les tond-on ?
> Que ne les tue-t-on ?
> Que ne les vend-on ?
> Que ne me marie-t-on ?
>
> Il est pourtant temps,
> Pourtant temps, ma mère ;
> Il est pourtant temps
> De me marièr.
> — Ma fill', nous n'avons pas d'amant.
> — Ma mèr', nous en avons tant !
> Que ne les prend-on ?
> Que ne les choie-t-on ?
> Que ne les lie-t-on ?
> Que ne me marie-t-on ?

Mais voilà que les perdrix en branle se remettent à fumer si délicieusement, qu'elle se dit à part soi :

— Elles ont l'air d'être excellentes; mais quelque chose y pourrait cependant manquer encore. Si ferais-je mieux d'y goûter un tantinet et juger par moi-même.

Lors, comme dit la légende, la dame s'en pinça une pelure dont

Moult ama la léchure.

— Dieu! que c'est fin et délicat! s'écria-t-elle. Quelle folie de ne pas manger cela tout de suite! Et l'eau lui en venait à la bouche. Adonc, courut-elle sur-le-champ à la fenêtre voir si de cas de fortune ne viendrait pas son maître avec son ami.

— Ah! sainte Vierge! pas plus d'ami que de maître!

Lors, retournant aux perdrix :

— A tout prendre, dit la fine commère, vaut mieux que j'en mange une aile que de la laisser brûler.

Incontinent elle détacha une aile, la mangea, et la trouva de merveilleux goût. Et comme l'autre aile avait aussi une mine de reine, elle se dit de nouveau :

— Vaut mieux manger celle-ci encore, sans quoi l'absence de l'autre sauterait tout d'abord aux yeux de mon maître.

Quand la seconde eut été prendre sa place à côté de la première, Mimi Margot s'en alla encore, le nez au vent, à la fenêtre, pour voir si elle ne découvrirait pas son maître. Mais point de maître.

— Ah! murmura-t-elle entre ses dents, qui sait s'ils reviendront du tout? Il y a gros à parier qu'ils se seront arrêtés en quelque fin cabaret : à la Barbe d'or ou au Broc d'argent. Margoton, ma mie; Margoton, mon cœur, le bonheur te veut du bien : laisse-toi faire. Jette-toi encore un petit coup sur ta petite conscience, et mange le reste de la perdrix. C'est si difforme une perdrix sans ailes! et quand tu l'auras mangée, tu en auras le cœur et l'estomac plus contents. Faudrait avoir perdu le sens pour laisser périr de si bonnes choses? Et si d'ailleurs on

te demande ce que c'est devenu, tu diras que le chat l'a mangé :

> Si l'on demande que devindrent ?
> Tu leu diras que li chat vindrent.

Ayant ainsi puissamment raisonné, elle courut d'un pied diligent à la cave, fit une libation nouvelle et revint manger en grande douceur le reste de la perdrix estropiée. Voilà qui va bien !

Cependant, le maître ne revenait pas, et elle lorgnait d'un œil de tendresse la chère perdrix restante ; et la langue lui prit à frémir, et elle se disait :

— Qu'eût de mieux à faire cette-ci que de rejoindre la première ? Elles s'appartenaient l'une à l'autre. L'une sans l'autre, l'autre sans l'une serait contre-sens. A qui a disposé de l'une, l'autre de droit appartient : c'est clair comme le jour, et monsieur le curé, dans son prêche, ne saurait dire autre chose. Mais, auparavant, ma mie, allons nous rafraîchir d'un petit coup.

Et, en effet, elle s'en courut finir son raisonnement à la cave, et après boire, le sort de la seconde pièce était arrêté : elle alla rejoindre sa compagne. C'est encore bien.

Tandis que le Cordon bleu mettait fin à l'aventure, son maître revint :

— Holà! Margoton, cria-t-il : allons, vite, dépêche ; mon ami me suit!

— On y va, monsieur! répond la friponne quelque peu allumée de couleur comme un pivoine : une minute, et monsieur est servi.

Et le maître fut voir si la nappe était mise; et il tira le couteau à découper pour y donner le fil ; et le voilà à l'ouvrage.

On en était là quand l'hôte arrive, et, honteux sans doute de son long retard, frappe tout doux un petit coup seulet à la porte. Mais Margot, qui sentait le vent de la venue du compère, avait l'oreille au guet : vite elle ouvre, et se mettant le doigt sur la bouche :

— Chut! chut! fit-elle avec mystère, fuyez tôt et de toutes jambes, car si mon maître vous attrape, c'est fait de vous. Il a contre vous une dent, et il ne vous a invité que pour vous couper plus à l'aise les deux oreilles. Oyez, oyez comme il aiguise son grand coutel !

— L'hôte écouta, et n'avait pas plus tôt entendu crier la lame qu'il descendit quatre à quatre les degrés, et vitement détala.

Cependant Margot ne perdit pas son temps ; elle se mit à crier à tue-tête :

— Ah! sainte Vierge ! ah ! mon pauvre maître du bon Dieu !

— Eh bien ! qu'y a-t-il ?

Et Margot, sans faire semblant d'entendre, continuait :

— Ah ! mon bon maître ! mon pauvre maître ! quel beau convive il nous avait invité là pour souper !

— Mais enfin, qu'est-ce à dire ?

— Quoi ! ne voyez-vous pas qu'il a pris les deux perdrix comme j'allais les servir, et s'est enfui avec ? Deux perdrix si belles ! la plus fine broche qui se fût servie au souper d'un roi ! ah !

— Mais c'est un tour abominable! dit le pauvre affamé, tout bouleversé, tout déconfit de perdre deux si bons morceaux ; du moins m'en pouvait-il laisser une, que j'eusse quelque chose à mettre sous la dent. Rappelle-le, Margoton, qu'il reste, le bourreau ! Mais rappelle-le donc !

Mais l'hôte qui fuyait n'avait garde d'entendre, et le maître, sans se donner le temps de poser son couteau, se prit à courir après lui :

— Une seule ! une seule ! criait-il de tout son souffle ; je n'en veux qu'une !

Voulant dire que son hôte lui laissât du moins une perdrix et ne les emportât pas méchamment toutes deux. Mais l'autre, qui croyait qu'on en voulait à ses oreilles et qu'on lui promettait seulement de n'en abattre qu'une, fuyait, fuyait à perdre haleine, tenant ses oreilles à deux mains, comme s'il eût eu le grand diable d'enfer à ses trousses.

JEAN AMOUREUX POUR LE BON MOTIF.

La grand'mère de Jean, vieille, infirme et qui gardait toujours le logis, l'appelle :

— Où vas-tu donc si vite ? lui dit-elle.

— Voir Margot, dit Jean.

— Conduis-toi en garçon sage.

— De mon mieux. Adieu, mère, adieu !

Jean arrive chez Margot :

— Bonjour, Margot.

— Bonjour, Jean. M'apportes-tu quelque chose de bon ?

— Rien du tout; et toi, m'as-tu gardé quelque chose ?

Margot donne à Jean une aiguille, et Jean dit :

— Adieu, Margot.

— Adieu, Jean.

Jean prend l'aiguille et la pique dans une botte de foin, et il rapporte le tout à la maison.

— Bonsoir, mère.

— Bonsoir, Jean. D'où viens-tu ?

— De voir Margot.

— Que lui as-tu porté ?

— Rien.

— Que t'a-t-elle donné ?

— Une aiguille, mère.

— Qu'en as-tu fait, Jean ?

— Mère, je l'ai piquée dans une botte de foin.

— Oh ! l'imbécile ! Il fallait l'attacher à ta chemise.

— Ah bien ! tant pis ! je ferai mieux une autre fois.

— Où vas-tu, Jean ?

— Voir Margot, mère.

— Conduis-toi bien.

— De mon mieux. Adieu, mère.

Jean arrive chez Margot.

— Bonjour, Margot.

— Bonjour, Jean.

— Quelle friandise m'as-tu apportée ?

— Rien ; et qu'as-tu pour moi ?

Margot donne à Jean un couteau.

— Adieu, Margot.

— Adieu, Jean.

Jean prend le couteau, l'enfonce en épingle dans sa chemise et revient à la maison.

— Bonsoir, mère.

— Bonsoir, Jean. D'où viens-tu ?

— De voir Margot.

— Que lui as-tu porté ?

— Rien.

— Que t'a-t-elle donné ?

— Un couteau.

— Qu'en as-tu fait, Jean ?

— Tenez, mère, le voilà attaché à ma chemise.

— Oh! l'âne bâté! Il fallait le mettre en ta poche.

— Ah bien! tant pis! je ferai mieux une autre fois.

— Où cours-tu donc, Jean?

— Voir Margot.

— Conduis-toi bien?

— Je m'y appliquerai. Adieu, mère.

Jean arrive chez Margot.

— Bonjour, Margot.

— Bonjour, Jean. Quelle chatterie m'apportes-tu?

— Rien; et toi, m'as-tu mis quelque chose de côté?

Margot donne à Jean un chevreau.

— Adieu, Margot.

— Adieu, Jean.

Jean prend le chevreau, l'attache et le ficelle comme un paquet, l'enfonce à grand renfort de coups dans sa poche, met son mouchoir et son couteau par-dessus et l'étouffe.

— Bonsoir, mère.

— Bonsoir, Jean. D'où viens-tu?

— De voir Margot.

— Que lui as-tu porté?

— Rien.

— Que t'a-t-elle donné?

— Un chevreau.

— Qu'en as-tu fait?

— Je l'ai là, au fond de ma poche.

— Oh! triple imbécile! il fallait l'attacher à une corde et le mener derrière toi.

— Ne vous fâchez pas, mère; je ferai mieux une autre fois.

— Qu'as-tu donc qui tant te presse, Jean?

— Mère, je vais voir Margot.

— Sois sage, au moins.

— Comme le saint du village, mère. Adieu.

Jean arrive chez Margot.

— Bonjour, Margot.

— Bonjour, Jean. Que m'apportes-tu?

— Rien; mais qu'as-tu pour moi?

Margot donne à Jean un morceau de lard. Jean l'attache à une ficelle et le traîne derrière lui. Arrive un chien, qui s'escrime dessus à belles dents tout le long du chemin.

— Bonsoir, mère.

— Bonsoir, Jean. D'où viens-tu?

— De chez Margot.

— Que lui as-tu porté?

— Rien?

— Que t'a-t-elle donné?

— Un morceau de lard.

— Où est-il, ce lard?

— Je l'avais mis au bout d'une ficelle et traîné derrière moi. Sûrement se sera-t-il arrêté en route. Il était joliment attaché, cependant!

— Quel lourdaud tu fais, Jean! Il fallait l'apporter sur ta tête.

— N'en parlons plus, mère; on fera mieux une autre fois.

— Où cours-tu donc si effaré, Jean?

— Je vais voir Margot.

— Gard'toi de mal, mon gars.

— J'y veillerai, mère; adieu.

Jean arrive vers Margot.

— Bonjour, Margot.

— Bonjour, Jean. Qu'as-tu apporté pour me faire rire?

— Rien; et toi, quelle bêtise as-tu pour moi?

Margot donne à Jean un veau. Jean le met sur sa tête et chemine; et, cheminant, le veau se débat et lui donne des coups de pied dans la figure.

— Bonsoir, mère, dit-il tout essoufflé.

— Bonsoir, Jean. D'où viens-tu ?

— De voir Margot.

— Quel cadeau lui as-tu porté?

— Rien.

— Que t'a-t-elle donné ?

— Un veau.

— Et où est-il, ce veau?

— Je l'ai apporté sur ma tête, et il m'a rudement caressé la figure, dont je suis fort déplaisant.

— Ah! le benêt! Il fallait le pousser devant toi et l'amener à l'étable.

— Tiens! c'est vrai ; je ferai cela une autre fois.

— Où cours-tu donc, que tu es si brave, Jean?

— Je vais chez Margot.

— Sois sage, Jean.

— Oh! que oui, mère! Adieu.

Jean arrive près de Margot :

— Bonjour, Margot.

— Bonjour, Jean. Quelle nouvelle apportes-tu?

— Rien; m'as-tu gardé quelque chose?

— J'irai au logis avec toi.

Alors Jean lui passe une corde au cou, la pousse devant et l'attache à la mangeoire, dans l'étable.

— Bonsoir, mère.

— Bonsoir, Jean. D'où viens-tu?

— De chez Margot.

— Que t'a-t-elle donné?

— Elle est venue elle-même.

— Où l'as-tu donc mise?

— A l'étable avec bonne provision de foin.

— Oh! l'incorrigible nigaud! Il fallait la bichonner et l'amener ici en grand'fête.

Jean, adonc, retourna à l'étable; mais Margot, furieuse, s'était détachée et enfuie.

Ce nonobstant, leurs étoiles se rapprochèrent. Si en fin finale, la cloche du hameau, à grande volée, sonna leur mariage, et sûrement auront-ils des petits. Par quoi, mes bons amis, je vous promets des dragées du premier baptême.

JEAN ET MARGOT DANS LEUR MÉNAGE.

Jean et Margot allèrent ensemble s'établir au village; mais une fois en ménage, Margot jeta son bonnet par-dessus les moulins, et n'en voulut faire qu'à sa tête : à savoir que, paresseuse et sensuelle, on la voyait tout le jour s'écouler vivre à la fenêtre, bayer aux corneilles et compter les heures, comme font ceux qui sont sots et privés de bon sens ; et à la fois, elle ne se faisait faute d'aucune douceur ni chose quelconque. Son mari lui donnait-il de la laine à filer? à contre-cœur et le nez au vent elle le faisait ; et lorsqu'enfin tant bien que mal c'était filé, au lieu de rouler sa besogne sur le dévidoir, elle la laissait là tout emmêlée à tort et à travers. Aussi le pauvre Jean grondait et grondait souventes fois. Mais elle, la fine femme, avait la langue bien pendue et toujours avait le dernier.

— Au fait, disait-elle, comment pourrais-je dévider cette laine, si je n'ai pas de dévidoir ? Tu ferais mieux d'aller au bois et d'en faire un.

— A cela ne tienne, reprenait Jean : j'irai au bois.

Lors, Margot appréhenda qu'ayant apporté des bâtons, il ne fît, en effet, un dévidoir, et qu'elle ne fût forcée de peloter la laine et d'en refiler encore. Alors elle rêva un peu, la main au front, jusqu'à ce qu'une pensée lumineuse lui saillant à l'esprit, elle courut à pas de loup dans la forêt derrière son mari. Et fut-il à peine grimpé sur un arbre, et commençait-il à tirer à soi un rameau pour le couper, qu'elle se glissa en tapinois dans le buisson au-dessous, où le galant ne la pouvait voir, et elle chanta à voix feinte ces mots qui semblaient sortir du tronc de l'arbre :

>Arrête, imprudent, arrtée!
>Qui touche à mes rameaux mourra devant le soir.
>Arrête, imprudent, arrête !
>Qui de mon bois veut faire un dévidoir,
>>Avant le soir
>>Le paira de sa tête.

Jean prêta un temps l'oreille, baissa sa hache déjà levée, et se dit en soi-même : — Qu'est-ce que ce peut être? Mais vraiment qu'est-ce que ce peut être? fit-il encore. Bah! dit-il enfin après une pause, c'est quelque soupir égaré du vent du soir qui m'a tinté aux oreilles. Allons, allons, Jean, du cœur, et à l'ouvrage! Et il levait de nouveau sa hache et ployait la branche pour frapper, quand derechef la voix chanta :

> Arrête, imprudent, arrête ! etc.

Alors il suspendit son coup ; le frisson le saisit, et il commença à s'alarmer sur ce que ce pouvait être. Cependant, après une pause nouvelle, il ramassa son courage et ses forces, leva sa hache pour la troisième fois, et, fermant les yeux, vitement il frappa. Soudain, la fatale voix retentit :

> Mort ! mort ! imprudent, arrête !
> Qui touche à mes rameaux mourra devant le soir,
> Mort ! mort ! imprudent, arrête !
> Qui de mon bois veut faire un dévidoir,
> Avant le soir
> Le paîra de sa tête !

A cette fois il n'y peut tenir. Il descend incontinent de l'arbre, et pousse au logis du plus vite qu'il sait. Et Margot s'en fut également coupant au plus court, afin d'arriver avant lui ; et quand il ouvrit la porte, elle lui alla au-devant, d'un air bénin et jouant à l'ébahie :

— Eh bien ! dit-elle, as-tu apporté une bonne bille de bois pour tourner un dévidoir ?

Répond l'autre : — Non, je vois bien qu'il y a quelque sort jeté sur ce dévidoir. Et lors il lui conta tout ce qui était arrivé, et à ces causes il la laissa en paix sur ce point.

Mais longtemps ne fut avant que Jean recommençât à reprocher à sa femme comme elle tenait mal sa maison. — Femme, n'est-ce pas une honte, disait-il, qu'on ne sache céans où mettre le pied? Voyez-moi à terre toutes ces assiettes sales, tous ces étains bossués, tous ces verres écornés et en désordre ; et, parmi tout, ce chien en perpétuel mouvement de la patte, de la queue et du nez. Ce sera vraiment tout à l'heure un beau vacarme.

— Plaignez-vous donc, répond Margot ; ce chien-là est un trésor. Il n'est meilleur aide de cuisine, et sa langue a plutôt essuyé la vaisselle que la main la plus vite armée d'un torchon.

— Et cette laine filée, me direz-vous pourquoi elle traîne par tous les coins du logis?

— Cela se peut ; mais tu sais bien que

nous n'avons pas de dévidoir. Si tu tiens tant à ce que ce soit fait, tu n'as qu'à te coucher sur le dos, les mains et les jambes en l'air, je me servirai de toi bellement comme d'un dévidoir, et mettrai le tout en écheveaux.

— Très-bien, fit Jean, qui de vrai n'aimait cependant guères cette façon de corvée, mais qui voyait bien que le seul moyen de faire travailler sa femme était de la prendre au mot. Alors, étendu sur le carreau, les quatre fers en l'air, il fit le dévidoir assez proprement ; et la voilà qui dévide, dévide, dévide ; et quand enfin tout fut fait : — Maintenant, dit-il, que toute la laine est en peloton, aies-en bien soin, lève-toi de bonne heure, mets l'eau au feu et fais bien bouillir la laine pour qu'elle soit bonne à porter au marché.

Margot avait en horreur cette partie de la besogne, et cependant la rusée : — Suffit, dit-elle, Jean, ce sera fait avant matines. Mais tout le temps elle rumina dans sa tête comment elle pourrait tricher encore son

Alors, étendu sur le carreau, les quatre fers en l'air, il fit le dévidoir assez proprement; et la voilà qui dévide, dévide.

mari pour s'affranchir de cette besogne à l'avenir. Et voilà comme les paresseux suent sang et eau pour ne rien faire, et se donnent plus de tracas mille fois qu'ils n'en auraient à travailler.

Cependant, avant le chant du coq, elle fut debout, fit le feu, mit dessus le chaudron ; mais au lieu de laine elle y jeta un gros peloton d'étoupes et fit bouillir. Lors, elle alla trouver son mari qui était encore au lit, fatigué des ébats de la veille, et lui dit : — J'ai à sortir : veille un peu à la laine qui bout dans la chaudière ; mais ne tarde, et sois sur pied avant que les chats soient chaussés ; sans quoi la laine se changerait en étoupes.

Jean sauta donc hors du lit peu après, de peur d'être pris au piége, et courant, apparemment trop tard, à la cuisine, il leva le couvercle de la bouilloire. Mais, ô malheur ! la sauce était gâtée, et l'effroi lui serra le cœur quand il ne vit plus au lieu de laine qu'un paquet d'étoupes. Lors, il s'enfuit plus penaud qu'un chien à qui l'on vient de couper les oreilles, et il se frappait la poitrine, disant : C'est ta faute, c'est ta très-grande faute, misérable paresseux ! Et force fut qu'à l'avenir il laissât madame Margot filer et dévider la laine tout à sa guise.

Un jour, cependant, il lui dit :

— Femme, j'ai à sortir ce matin ; tu iras au champ faire le blé.

— J'irai, mon homme, dit la matoise.

Mais, lui parti, elle se fit cuire une bonne platée de viandes et l'emporta aux champs. Arrivée là, elle s'assit à l'ombre, au bord du bois, afin de se remettre de la fatigue à venir, et pour se distraire elle se prit à chanter une vieille ronde bourguignonne qui respire la fraîcheur des prairies :

>   Doux zéphire
>   Qui soupire
> Un air si mignardelet,
>   Des vallées
>   Reculées
> Passe en ce bois nouvelet.
>
>   Sus, dépêche
>   D'aile fraîche
> D'éventer ces saules verds,

> Et embâme
> De ton âme
> Ces bocages recouverts.
>
> Viens, de grâce,
> Sur la face
> Ta douce haleine jeter,
> Et nous touche
> Dans la bouche
> De l'air que tu viens porter.

Puis se ravisant, et suspendant sa chanson :
— Voyons un peu, se dit-elle à la parfin. Que faut-il faire? Commencerai-je par dormir, ou commencerai-je par manger? Tout bien pesé, mangeons d'abord un morceau. Lors, elle fit fête à son dîner bien à son aise, escrimant des mâchoires, comme si elle n'eût mangé d'une semaine, et se piquant gracieusement la langue de nombreuses gorgées de vin ardent. Enfin, la joue enluminée, et se sentant en voix, elle acheva sa ronde des vieux temps :

> Douce haleine,
> Toute pleine
> De doux flairantes odeurs,
> Tu récrées
> Nos contrées
> Et reconfortes nos cœurs.

Tu apaises
Les malaises
Qui s'en vont nous courir sus,
Et encores
Tu viens ores [1]
Qu'on te souhaite le plus.

Viens, modère,
Viens, tempère
L'ardeur qui nous bout au sein,
Toi qui jettes
Des fleurettes
Un air de roses tout plein.

Nos chevrettes
Camusettes [2]
Aussi bien que le berger,
Des secousses
Que tu pousses
Tu sais beaucoup soulager.

Loin emporte
La cohorte
Des gais refrains que t'épands,
Puis retourne
Et séjourne
Encore avec nous longtemps.

---

[1] A présent.

[2] Au petit nez camus.

Et le chant fini, elle se dit derechef, après avoir un brin réfléchi sous son chaperon :

— Maintenant, que faut-il faire ? Commencerai-je par moissonner, ou commencerai-je par dormir ? Tout bien pesé, dormons d'abord un petit : le chaud du jour y convie. Lors de son mieux elle fit son lit parmi les blés, et profondément s'endormit.

Sur ces entrefaites, Jean revint à la maison ; pas de Margot. Adonc, il se dit : — Quelle maîtresse femme j'ai là, si dure au travail qu'elle ne songe pas même à revenir au logis pour dîner ! Et le soir arriva, et Margot ne revenait pas. Jean sortit donc pour aller admirer les piles de froment amoncelées par sa ménagère ; il arrive : mais tout est sur pied comme devant, et Margot, bien pansée et mollement étendue au beau milieu, soufflait et ronflait profondément.

Lors, il courut chez lui, enflambé de colère, prit un cordeau qu'il enfila de sonnettes à moutons, et tout doucement, tout doucement revint les attacher à la ceinture de la dormeuse, et s'en fut. Et il ferma la porte à clef, et s'étendit dans sa grand'chaire.

Réveillez-vous, belle endormie! A la fin des fins, à la nuit noire, madame s'éveilla, et au premier mouvement qu'elle fit pour s'étendre et se relever : Dirlindindin! Voilà les sonnettes qui sonnent et resonnent. Elle fait un pas, les sonnettes sonnent et sonnent de plus belle. Alors, la peur la prend, et le frisson lui court par tout le corps, et elle commence à douter si elle est réellement Margot ou ne l'est pas. — Pauvre Margot du bon Dieu! Suis-je moi ou ne suis-je pas moi? Et elle se tâtait la figure, s'assurait d'elle-même, se frottait les yeux, ne savait que s'imaginer. Enfin, après avoir bien songé quelque temps, elle se dit : — Je vais courir à la maison demander si c'est bien moi ou si ce ne l'est pas : ce bon Jean saura cela. Si courut-elle, se faisant peur, à la porte de la maison ; et la trouvant fermée et verrouillée, elle frappa aux carreaux et cria : — Sire Jean du bon Dieu, Margot est-elle au logis?

— Palsambleu! répond Jean, elle est où elle doit être.

— Oh! Dieu de Dieu! se dit-elle, effarée et la tête à l'envers : Ce n'est pas moi! Pour sûr ce n'est pas moi! Lors, elle s'éloigna et courut frapper à la porte des voisins; mais au roulement de sa ceinture de sonnettes, personne ne voulut ouvrir. A tant voilà tous les chiens de berger qui s'agitent dans les étables au bruit de ce rappel, qui jappent, hurlent et se répondent à qui mieux mieux d'un bout à l'autre du village. Puis, les voilà qui d'un bond franchissent les haies des bergeries, et s'élancent à grands cris à l'assaut des sonnettes. C'est une voix terrible, une ardeur, un vacarme épouvantables. On dirait une victime livrée aux bêtes en quelque cirque romain. — Au secours! au secours! s'écrie Margot aux abois. Je me meurs! Je suis morte! La ménagerie d'enfer est déchaînée!

Hors d'elle alors, et embrasée d'une rage qui lui ôte toute espérance de salut, elle fuit comme la flèche vers la rivière pour s'y précipiter plutôt que de souffrir d'un coup mille morts. Mais, au bruit, les bergers bientôt sont

sur pied, et rappellent en grondant leurs chiens
acharnés. Le silence renaît; et cependant Margot fuyait, fuyait toujours. Mais, peu à peu, elle
se rassure et s'arrête. Remise enfin, elle retombe sur elle-même, s'arrache les cheveux,
et de désespoir les grosses larmes lui coulent
des yeux comme une fontaine. Cependant, les
chauves-souris grinçaient sur sa tête, et les
chouettes huaient et se répondaient du creux
des arbres morts. Finalement, toute tremblante
et le cœur rempli d'un monde infini de sanglots et pitoyables soupirs, elle se recoucha à
la belle étoile, mais, cette fois, ne dormit point.
Et la faim arriva, et avec la faim les dures réflexions, et elle eut le temps de se chapitrer et
moraliser, au frais de la nuit, en se soufflant
dans les doigts.

CHAPITRE IV.

OU L'ON VOIT PARAITRE UN PERSONNAGE NOUVEAU
CHEZ QUI MARGOT PREND LEÇON
D'ÉCONOMIE DOMESTIQUE ET MÉNAGÈRE.

Il n'est tel que ces gens si bons qu'ils en sont bêtes, comme on dit. Se fâchent-ils? c'est rouge et roide comme une barre de fer. Jean, poussé à bout, d'un impétueux vent de dépit et de fureur, tint rigueur à sa femme, et pour l'exemple, il fit à la fenêtre sa grosse voix et ses gros yeux quand, le lendemain, elle se représenta au logis, et la porte irritée ne s'ouvrit pour elle. Lors, que devenir? Force lui fut d'aller à la ville voisine se remettre en condition.

Or, advint qu'elle fut chez une bonne vieille, la ménagère des ménagères, aïeule de Barême, de la Cuisinière bourgeoise et de la tante Magin; savante en confitures et conserves; cuisinant, distillant, repassant, époussetant, ravaudant, grommelant et dégustant tout le jour. Arrivée à cet âge et à cette aisance qui cherchent le calme, et se renferment d'ordinaire dans le secret moelleux d'une douce vie qui fait du repos un plaisir et du plaisir un repos, la bonne femme ne s'octroyait ni repos ni plaisir, et sa passion d'ordre et d'économie ménagère soutenait son activité, la faisant refleurir d'une jeunesse toujours nouvelle. Elle ne s'épargnait ni n'épargnait ses gens, ne leur laissant nul répit, et faisant durer un ducat et un louis d'or des mois entiers, à la grande admiration d'un chacun. Margot, la pauvre fille, était trop humiliée pour ne pas accepter ce port après l'orage. La vieille lui fit subir un interrogatoire sur faits et articles, et la mit à la besogne. Et la voilà qui frotte les meubles, qui pare les légumes, trousse les volailles et fait sauter la poêle; mais « l'anse du panier, » impossible! Argus veillait, aux cent yeux ouverts.

Le ciel n'avait pas béni la couche de la vieille : elle n'avait pas de petits. Mais le coquin de neveu et d'arrière-neveu pullulait autour d'elle : mauvaise graine qu'elle n'aimait que de loin, car, chaque année, c'en était une récolte nouvelle. Et cela faisait du bruit à rompre la tête; cela mettait tout en l'air dans le ménage; cela portait le trouble dans le bel ordre du linge amoncelé sur les tablettes. Aux grands anniversaires, où la patriarche voulait que s'assemblât chez elle toute la famille, après avoir dîné... chacun chez soi, Margot pétrissait, pâtissait, enfournait une frugale brioche qui se divisait entre toute la géniture comme pain bénit à la paroisse, et encore la bonne aïeule en enlevait-elle et serrait la tête pour les joies du déjeuner du lendemain, le secret de la multiplication des pains étant perdu. Rarement, en femme rangée, elle se donnait le souci d'un dîner. Mais, de cas de fortune, avait-elle un gala de dix couverts, si un convive distrait et mal avisé écornait une assiette, fêlait ou répandait un verre sur la table, ou, sans y songer, dessinait sa pensée sur la nappe avec la pointe de son couteau : — Mort de ma vie ! la ménagère soufflait, grillait, étouffait sous sa soie des grands jours ; — et c'est ensuite sur l'innocente Margot que la bombe éclatait. Chacun a sa manie : c'était la sienne. Bonne femme au demeurant ; douée de braves et gentils esprits, accomplie en beaucoup de perfections vertueuses, elle régnait par le respect sur tout ce peuple d'enfants et de petits-enfants. Aux jeunes mariés elle donnait de sages conseils d'économie domestique ; à ceux-là qui cherchaient femme, elle faisait comprendre que le mariage n'est pas qu'une affaire de plus dans la vie, mais l'affaire de toute la vie. Aux jouvencelles sans cesse elle s'en allait disant : — Fille qui ne se méfie de l'amour est comme l'enfant qui joue avec un couteau et toujours finit par se blesser. Enfin, à tous elle répétait : — Travaillez, prenez de la peine ; au bout du travail est un trésor. Et l'on oubliait ses manies pour ne se souvenir que de sa raison. Ennemie mortelle des susceptibilités, des médisances et des caquets, elle avait accoutumé de dire ce qui est écrit quelque part en lettres d'or : — « Enfants d'une souche commune, qu'une même affection vous unisse. Ne cessez d'être bons à la fois et bienveillants : la vie est trop courte pour chipoter. Les hommes et les femmes s'épient les uns les autres dans le monde, sur les moindres détails, non pas précisément par méchanceté, mais pour avoir quelque chose à dire quand ils n'ont rien à penser. Ce genre de causticité journalière détruit la bienveillance et la loyauté. On abuse de l'hospitalité donnée et reçue en critiquant ceux avec qui l'on passe sa vie, et l'on empêche ainsi toute affection profonde de naître ou de subsister. Car, en écoutant des moqueries sur ceux qui nous sont ou qui doivent nous être chers, on flétrit ce que l'affection a de pur et d'exalté : les sentiments dans lesquels on n'est pas d'une vérité parfaite font plus de mal que l'indifférence. »

Telles étaient les sages prédications de la

bonne vieille, et Margot, qui les entendait, en faisait pour elle-même son profit. Mais c'était sur le sujet des économies domestiques et ménagères que l'éloquence de la matrone s'animait le plus et s'élevait à plus de hauteur : riche et inépuisable texte qui valait à l'orateur des succès toujours nouveaux. Et passant incontinent du précepte à l'exemple, un instant, pas un instant elle ne laissait à Margot reposer ses esprits :

— Tricotez ceci, filez cela, frottez ces carreaux et ces meubles.

Et Margot, endoctrinée de vertueuses maximes, se multipliait, et tout reluisait de propreté autour d'elle comme or fin, que c'était une bénédiction.

Mais il fallait la voir, la frétillante vieille, ronde, fraîche et rebondie, rayonnant dans sa courte épaisseur, et toujours courant ou plutôt roulant partout et à tout; il fallait la voir aux jours solennels de la cuisson des conserves, commandant la manœuvre comme un général d'armée, la bassine et l'écumoire flamboyante en main :
— Une, deux ; en avant, en arrière, feu ! Le ciel aurait tonné vainement, vainement la maison

aurait brûlé. Et Margot, bouillonnant d'une sainte ardeur, exécutait avec précision les commandements de sa maîtresse, et faisait couler les flots de confitures et conserves. Et sitôt qu'Argus, par impossible, avait l'œil tourné ailleurs, vite à la dérobée elle trempait un petit son doigt dans la confiture, se remémorant le bon temps de joyeuse et gaillarde gourmandise. Quand le vin se mettait en bouteille, la pauvre fille se disait : — Vin du bon Dieu! la gorge m'ard, ne pourrais-tu un tantet la rafraîchir ? Et elle levait le coude pour voir apparemment si la riante liqueur était claire, et de fortune une gorgée ou deux s'égarant au fond de son gosier éteignaient le feu pour un instant. Mais soudain une main, la main d'Argus, se posait sur son épaule, et ces mots lui tombaient dans l'oreille :

> Arrête, imprudente, arrête :
> Qui boit mon vin mourra ce soir!

Ainsi se passait la vie de Margot, vie d'expiation, de travail et d'ardeur ; et avec le temps ses défauts s'effaçaient; et elle mangeait plus de pain que de confitures, et elle mettait de l'eau dans son vin, bénigne devenue et de nature aimable et gentille à souhait. Et Jean, qui avait vent de ce retour au bon ordre, en recevait un merveilleux contentement. Quand, à la malheure, la vieille tomba gravement malade. — Sois sage, dit-elle à sa servante, je t'ai mise en mon testament.

Et l'embonpoint de la sainte matrone se fondait comme beurre au soleil, et, pour ainsi parler, par pièces et feuille à feuille son âme s'échappait. Mais, près de l'abîme, une pensée, une seule, après celle de Dieu, survivait et flottait toujours ; si l'entendait-on murmurer incessamment d'une voix éteinte : — Margot, Margot ! tricotez ceci, filez cela ! frottez ces carreaux et ces meubles.

Et Margot se multipliait encore, et tout reluisait de propreté autour d'elle comme or fin, que c'était une bénédiction.

La vieille cependant mourut, et la servante, en larmes, s'approchant pour lui fermer les yeux, la morte se réveille :

— Margot ! qu'on n'emploie pas de mes draps neufs pour m'ensevelir ! Tricotez... filez...

Et comme vaincue sous ce dernier effort, son âme tout de bon s'envola.

Et le testament fut ouvert; et la vieille léguait à sa servante une aiguille, un plumeau et un dévidoir.

Et Jean, édifié de voir sa femme confite en vertus d'ordre et d'économie domestique et ménagère, la reprit et choya au logis.

Et ils refirent la noce, et ils vécurent en joie et liesse avec douze enfants que le ciel leur donna. Que le saint nom de Dieu soit béni !

Jean et sa femme Margot. — Les trois premiers chapitres de ce conte sont trois histoires des frères Grimm qui sont ici confondues en une seule :

>   Das kluge Grethel,
>   Der gescheidte Hans,
>   Die faule Spinnerin.

La première histoire, c'est-à-dire le premier chapitre, a été, de l'aveu des frères Grimm, empruntée par eux d'un livre devenu rare, publié à Salzbourg en 1700, intitulé *l'OEuf de Pâques, Ovum Paschale.* C'est aussi le sujet d'une *Meisterge-*

sang d'un manuscrit d'Arnim; c'est encore celui d'un des contes de Sachs : *Die vernaschte Kochinn*, la Cuisinière gourmande. Mais, à dire vrai, ce conte se retrouve partout, conservé soit par la tradition orale, soit par la tradition écrite; et l'on ne peut pas dire qu'il appartienne plus à l'Allemagne qu'à la France. On en retrouve même la source plus haut dans ce dernier pays que dans le premier. La tradition allemande n'offre guère de différence avec la tradition française qu'en un point, à savoir qu'il s'agit de poulardes, tandis que dans le *Dict des pertrix*, sans nom d'auteur, que Barbazan a imprimé parmi les fabliaux des poëtes français des douzième, treizième, quatorzième et quinzième siècles (tome II, page 32), le titre du conte indique que ce sont des *perdrix* qui sont en jeu, donnée moins gloutonne et autrement vraisemblable que la donnée allemande.

Voici le début du fabliau :

> Por ce que fabliaus dir sueil
> En lieu de fable dire vueil
> Une aventure qui est vraye,
> D'un vilain qui delez sa haye,
> Prit deux pertris par aventure,
> En l'atorner mist moult sa cure,
> Sa fame les fit au feu metre,
> Ele s'en sot bien entremetre,
> Le feu a fet, la haste atorne,
> Et le vilain tantôt s'en torne,
> Par le Prestre s'en va corant;
> Mez au revenir tarda tant,
> Que cuites furent les pertris,
> La Dame a la haste jus mis
> S'en pinça une peleure,
> Quar moult ama la lécheure.

Le Grand d'Aussy a donné dans le troisième volume de son recueil, page 442, une fade traduction de ce fabliau qui se retrouve encore dans le *Passa tempo de Curiosi,* page 22 ; dans les *Nouveaux Contes à rire,* page 266 ; dans les *Facetie, motti et burle da C. Zabata,* page 36 ; et dans les *Contes* du sieur d'Ouville, tome II, page 225.

Il a été mis en vers modernes par Imbert et en vaudeville par Désaugiers sous le titre du *diner de Madelon.*

Le second chapitre : *Der gescheidte Hans,* ressemble à deux différentes histoires consignées dans des livres allemands de 1557 et 1565. Le *Bardiello* du *Pentamerone* (I, 4) rappelle en beaucoup d'endroits cette même histoire. Mais de même que la précédente, elle n'est pas une donnée plutôt allemande que française, car on y retrouve ce fameux *Jean Bête,* le bonheur et l'éclat de rire de l'enfance en toutes nos provinces. Il y a même identité de nom : *Hans* en allemand n'est autre chose que *Jean.*

Le troisième chapitre est inspiré d'une tradition de Zwehrn qui a de l'analogie avec un conte du *Pentamerone* (IV, 4), et avec une vieille tradition allemande imprimée dans le *Altdeutsche Walder.*

PIERRE LE CHEVRIER

PIERRE LE CHEVRIER

Au sein des vastes solitudes de la forêt du Hartz, s'élève une haute montagne où les esprits, les ombres et les fées mènent un branle fantastique aux rayons tremblants de la lune, et où, dit-on, le grand empereur Barberousse tient encore sa cour dans les cavernes profondes. Il siége immobile et muet sur un trône de marbre noir, et sa barbe rousse, crue outre mesure, balaye la terre. Une ou deux fois, par une longue suite d'années, il sort quelque peu de l'espèce d'enchantement léthargique au milieu duquel il est descendu dans la tombe. Alors, il inflige des châtiments terribles à ceux des vivants qui ont pénétré dans cette cour de la mort et qui lui ont déplu; ou bien il donne quelque riche présent aux êtres heureux que son humeur de l'autre monde lui a fait prendre en affection; ou seulement il les touche de son sceptre de blanc ivoire en signe de grâce. Mais ce retour à ses esprits n'est qu'un rapide éclair, et bientôt il s'est rendormi dans l'oubli de toute chose. Quelque vieux guerrier de fer, quelque Minnesinger à la harpe harmonieuse ont seuls le privilége de le faire sortir de ses linceuls. On dirait alors que son vieux cœur tressaille sous ses ossements. Ses yeux rallumés lancent des éclairs, comme un bucrâne antique laisserait échapper une flamme funèbre. Les chants du barde ont-ils cessé, on ne voit plus que les ténèbres dans cette hypogée magique ; on n'entend plus que le silence interrompu de loin à loin par la plainte de harpes éoliennes. Ceux qui, de fortune, se sont fourvoyés auprès du siége de cette cour, ont trouvé d'étranges aventures. Tenez, en voici une que je vais vous conter.

Longtemps il y a, vivait dans le village, au pied de la montagne, un jeune chevrier qui avait nom Pierre. Chaque matin, il paissait son troupeau sur les gazons fourrés, çy et là semés au flanc de la montagne, et parfois, s'il se trouvait attardé vers le soir et trop loin du village pour y ramener ses bêtes, il les conduisait en un lieu de la forêt où quelque vieille ruine, assez élevée, lui offrait une belle assiette pour loger son camp en sûreté. Là, il rassemblait et comptait sa troupe, et en paix sommeillait avec elle jusqu'au matin.

Mais, un soir, il s'aperçut que le plus joli de ses chevreaux avait disparu après la rentrée au bercail, et, le lendemain matin, le fugitif était de retour. Il compta et recompta plus at=

tentivement encore les jours ensuivants, et la même étrange aventure arriva.

Redoublant alors d'attention et de vigilance, il découvrit enfin dans une vieille muraille une crevasse par laquelle il lui sembla que se glissait son chevreau favori. Pierre suivit cette trace, s'y fraya un passage à travers mille circuits, en glissant aux pentes du rocher et s'aidant de son mieux des pieds et des mains, et il ne fut pas peu surpris quand, enfin, il avisa le subtil animal dans une caverne, s'ébattant à manger du grain qui sourdait de la voûte. Il s'engagea de pied ferme au milieu de la caverne, et, les yeux ouverts de tous côtés, il cherchait d'où pouvaient jaillir ces torrents de grains bruissant comme une onde ou comme grêle sur sa tête, et s'échappant à travers le rocher crevassé sous ses pas. Mais les ténèbres étaient épaisses, et rien ne s'offrait que son imagination pût comprendre. A la fin, comme il restait immobile et l'oreille tendue, il lui sembla ouïr de vagues hennissements et des trépignements de chevaux. Il écouta, écouta encore, et bientôt ses conjectures se changèrent en certitude. Au-dessus il y avait des chevaux qui mangeaient, et cette pluie de grains tombait de leurs mangeoires. Mais que pouvaient être ces chevaux ? Quelle était cette existence mystérieuse, dans les entrailles d'une montagne que les pas des chèvres avaient seuls foulée ?

En vain se mettait-il l'esprit à la torture, ses réflexions ne servaient qu'à augmenter de plus en plus ses perplexités, quand soudain il avise une lumière qui approche, approche et laisse enfin apparaître un petit page, tout de noir habillé, qui lui fait signe de le suivre. Il obéit, et de galeries en corridors, de corridors en galeries, il arrive avec lui au vestibule d'un palais souterrain.

Des ifs et des cyprès au sévère feuillage en ornaient l'entrée, et des inscriptions funéraires couvraient le granit des colonnes et des murailles. Des gardes, en costume de valets de pique et de carreau, veillaient, immobiles comme des statues, la hallebarde au poing. Aux signes muets du page qui ouvre la marche, les gardes s'ébranlent, entourent le pauvre Pierre et le convoient, à la lumière douteuse de lampes tumulaires. Ils marchent : on n'entend point le bruit de leurs pas. Ils semblent parler : on n'entend aucun son. Là, au bout, est une porte d'ébène gardée par deux morts vivants, tout bardés de fer. Sur un signe du page, la porte s'ouvre, et livre passage dans une vaste salle en porphyre, où des archers, appuyés sur leur lance, veillent en dormant, de chaque côté d'une autre porte. Celle-là est d'ivoire, comme la porte des Songes, et je ne sais quelles écritures mystérieuses la couvrent ; je ne sais quels animaux fantastiques, aux yeux caves, en décorent le pourtour. Le page la touche ; elle roule lentement sur ses gonds. On est dans le salon où trônent, en appareil de cour, le grand empereur Barberousse, et les princes de sa race, immobiles et silencieux comme lui.

— Éveillez-vous, siècles entassés sous les marbres de l'éternité ! Rois de la terre, vassaux de la mort, levez-vous ! voici venir un fugitif de l'empire des vivants !

Et les trônes tremblèrent, et la poussière des temps passés se souleva, et les ombres de Barberousse et des rois s'émurent, et le terrible

Douze ombres de vieux chevaliers vaquaient au jeu avec des ombres de quilles et lui commandèrent de ramasser et replacer ces quilles, quand la boule les faisait tomber.

empereur fronça le sourcil, agita sa barbe, et de
ses yeux glauques jaillirent des lueurs funèbres ;
mais, après une pause, il toucha de son sceptre
le malheureux chevrier glacé d'épouvante, et
soudain le sénat de princes retomba dans son
immobilité première.

Alors Pierre fut conduit dans une vaste cour
supérieure emmurée de masures vénérables.
L'endroit semblait être un bassin naturel creusé
sur la montagne. Au-dessus s'élevaient en amphithéâtre d'immenses remparts de rochers, accumulés à plaisir par la main du temps. Au sein
des rochers mêmes, des arbres aux larges branches plongeaient leurs racines, et, s'entrebaisant
de tous côtés de leurs cimes feuillues, formaient
un vaste berceau qu'un demi-jour affaibli pénétrait à peine. Cy et là, le chèvrefeuille en fleur
épandait ses parfums, la verveine étalait sa pétale
vulnéraire et divinatoire, et des moissines riantes,
enlacées aux arbres, penchaient leurs frais raisins comme pour inviter la bouche à les cueillir.
Et là, sur la terre feutrée d'herbe déliée et
menue, douze ombres de vieux chevaliers, graves, pâles et solennelles comme le sont les

ombres, vaquaient au jeu avec des ombres de quilles.

Nulle parole humaine ne sortait de leurs lèvres ; mais par signes muets ils commandèrent à Pierre de ramasser et replacer les quilles quand la boule les faisait tomber. D'abord, ses genoux tremblèrent, et à peine osait-il à la dérobée jeter un timide coup d'œil sur la barbe sans fin et l'accoutrement sans exemple des nobles chevaliers, dont le corps diaphane lui faisait peur. Peu après il reprit courage, et petit à petit il s'aguerrit au point d'embrasser sans façon la cruche au large ventre qui reposait près de lui et faisait monter à ses sens un fumet de vin vieil des plus délicats. Ce reconfort lui donna du cœur à l'ouvrage. Alors, se sentait-il faiblir, soudain il recourait aux embrassements de sa nouvelle amie, et le charme opérait incontinent.

Tout auprès, un Minnesinger qui tremblait, vieux comme le temps, tirait de la cythare des sons éoliens, doux comme le frémissement du soir dans la feuillée, comme le soupir lointain d'un chant religieux mourant sous les voûtes d'un temple, comme le glas funèbre à l'oreille de l'enfant qui s'endort dans le sein de Dieu.

Et le pauvre Pierre n'était plus lui-même. Il se promenait, il s'asseyait, il se promenait encore tout effaré; il s'assurait, en se touchant, s'il était vivant ou s'il était mort. Les joueurs avaient disparu. Un tremblement d'épouvante agitait tous ses membres. Peu à peu l'harmonie de la cythare éolienne porta le calme dans ses sens, et, silencieux et recueilli, il s'enivrait d'air pur et de la sérénité dorée du ciel au déclin d'un jour de feu. C'est l'heure, l'heure sainte où naissent les riantes féeries, les songes de bonheur, les doux souvenirs, les prestiges et enchantements d'un monde meilleur. Il semble que la nature se peuple de créations nouvelles; que des voix mystérieuses passent et passent; et le parfum des fleurs, l'air embaumé qui voltige, c'est comme l'âme d'une mère, d'un enfant ou d'un ami qui vient vous sourire, vous caresser dans le silence, murmurer des sons chers et sacrés à votre oreille.

Et Pierre s'écriait à demi-voix, et son

âme était émue d'un sentiment religieux et tendre. Et puis tout le jetait incessamment de surprise en surprise. Là, mille vapeurs volages, ardents follets et flambards trompeurs qui servent de guidons pour conduire aux précipices, voletaient autour de lui, par la prée, comme démons lumineux menant un branle fantastique; alors que les écureuils, comme génies de l'air, sautaient de branches en branches, aux arbres fruitiers, cueillant les fruits, et faisant plusieurs belles mines et gestes. Autour jaillissaient des légions de gentilles cigales, de cicindèles et de phalènes à tête de mort; et se croisaient en tous sens ces lampyres agiles qui tirent leurs fusées pour se reconnaître à l'obscur du soir. Ils saillissent en essaim du milieu des touffes de verdure comme gerbes d'étincelles sous le marteau du forgeron, et vont tomber sur les buissons ou les fleurs, en pluie d'émeraudes et d'étoiles.

A la fin, au milieu de ces auréoles, rayonnant dans l'ombre sur sa tête, le sommeil, un long sommeil, un sommeil de plomb, le saisit.

Quand il s'éveilla, il se retrouva couché

à l'endroit même où il avait parqué ses
chèvres. Le même gazon couvrait la terre ;
les mêmes ruines l'entouraient. Il se frotta les
yeux, et il appela ; mais point de chien ni de
chèvres : le seul écho répondait à sa voix. Et
quand, mieux éveillé, ses yeux eurent mieux
vu autour de lui, il lui sembla que l'herbe était,
ce jourd'hui, plus touffue sous ses pas, et que
les arbres qui versaient leur ombre sur sa tête,
ou n'existaient pas auparavant, ou ne lui avaient
laissé aucun souvenir.

Lors, se frottant le front, se tâtant avec inquiétude, ne sachant que penser de lui-même et si ses sens l'avaient abandonné, il s'en fut gravir à grand'peine au plus haut des rochers à pic et des défilés escarpés et sauvages où ses chèvres hardies aimaient à sauteler et se pendre ; mais nulle part le moindre vestige de troupeau ; nulle part que la voix de l'écho répondant à sa voix.

Là, en bas, sous ses pieds, dans la vallée lointaine, il apercevait le village où s'élevait sa chaumine ; mais ne sais quel vague étonnement, quel charme inconnu le retenait là-haut dans la solitude.

A la fin, cependant, il s'engagea dans le chemin de descente, et, le cœur chargé d'ennuis, de doutes et d'effroi, il alla à la recherche de son troupeau. Tous les gens qu'il rencontrait, à mesure qu'il approchait du village, étaient pour lui autant d'étrangers. Leur costume n'était plus celui de ses voisins et compères, et à peine leur langage avait-il le même caractère. Il allait demandant à droite et à gauche si l'on avait vu ses chèvres; et les passants étonnés le regardaient avec de grands yeux et lui répondaient en se touchant le menton. A la fin, machinalement, il imita lui-même ce mouvement, et quelle fut sa surprise de trouver que sa barbe avait crû de plus de trois pieds et était devenue blanche! Et tous les chiens de l'endroit aboyaient après lui, et tous les gamins des rues, cette autre race aboyeuse, pâle et éreintée, qui naît et vit du ruisseau, lui couraient sus et criaient :

— A nous, à nous, des pierres! c'est le Juif-Errant!

— En vérité, en vérité, se disait-il ébahi, il faut que le monde ait la tête à l'envers, à tout le moins qu'il soit ensorcelé.

Et tournant ses regards autour de lui pour se mieux reconnaître, il retrouvait bien à sa place la montagne superbe avec sa couronne de bois épais. — Mêmement, se disait-il, voilà bien le couvent qui veillait devant Dieu quand nous dormions ; voilà bien les maisons et les chaumières ; voilà bien les jardins tels que je les ai laissés ! tout est de même à sa place. Et pour l'achever, il entend des enfants qui nommaient l'endroit à des voyageurs qui passaient, et c'était le nom de son hameau natal.

Lors, tout perplexe et troublé, il se frotte encore le front, et, traversant le village, il va droit à sa propre chaumière. Hélas ! elle si fraîche et si belle, n'était plus qu'une masure triste et pelée, craquelée de toutes parts. Là, grouillaient dans la cour des enfants morveux inconnus, demi-nus sous des haillons misérables, et jouant avec un vieux boule-dogue galeux et édenté.

— Ah ! sûrement, se dit-il, celui-là sera une vieille connaissance !

Mais le chien lui gronda et jappa à la figure dès qu'il lui dit :

— A moi, César !

Il entra cependant au logis par un huis qui, jadis, avait eu sa porte ; mais partout un dénûment et un vide si affreux, que le pauvre homme, ému de plus en plus d'étonnement et d'effroi, sentit sa vue se troubler et sortit en chancelant comme un homme pris de vertige ou de vin. Il avisa d'appeler à cris redoublés sa femme et ses enfants, chacun par son nom; mais personne n'entendait ; personne, du moins, ne répondait.

Bientôt un essaim bruyant et d'enfants et de femmes inondait la cour et se pressait autour du vieillard à longue barbe, et tous l'accablaient à la fois de questions multipliées :

— Qui êtes-vous? d'où venez-vous? que demandez-vous?

Lors, il lui parut si singulier de demander sa femme et ses enfants à des étrangers, à la porte de sa propre maison, qu'à seule fin de se débarrasser d'une foule si importune, il prononça le premier nom qui lui vint à l'esprit.

— Hans le forgeron, dit-il !

Et l'auditoire, muet d'étonnement à cette question, se regardait, doutant si ce ne serait pas quelque revenant de l'autre monde. A la fin, l'esprit fort de la troupe, un vieux mendiant qui savait tous les gestes anciens et nouveaux du village, prit la parole et répondit :

— Il y a soixante ans qu'il a fait le voyage d'où l'on ne revient plus.

— Alors, Franck le tailleur !

— Que le ciel ait son âme, le pauvre cher homme du bon Dieu ! dit une bonne vieille appuyée sur des béquilles; il y a tantôt septante années qu'il a fait quelque part un bail qui ne se résilie jamais.

Pierre considéra attentivement la vieille, et il sentit en lui un frémissement involontaire, comme si, dans cette femme, il retrouvait une personne qui lui avait été chère et dont les traits seraient étrangement changés. Et, à cet aspect, il n'avait plus l'esprit aux questions qu'il voulait faire. Mais enfin apparut une jeune femme fendant la foule, un enfant de mamelle sur le bras, et une petite fille d'environ trois ans à sa main. Portraits vivants de sa femme, ces trois figures le frappèrent.

— Quel est ton nom ? dit-il brusquement à la femme.

— Marie.

— Et le nom de ton père ?

— Jacques.

— Et celui de ton grand-père ?

— Que le bon Dieu lui fasse grâce ! Pierre ; il y a longues, longues années que, jour et nuit, nous l'avons cherché par la montagne. Son troupeau est revenu, mais oncques de lui n'entendîmes parler ! et les chanteurs en ont fait des légendes.

Oh ! alors, le vieillard n'y peut plus tenir.

— C'est moi qui suis ce Pierre, cria-t-il ; c'est moi, vous dis-je, qui le suis !

Et il prit le poupard des mains de sa petite-fille, et tendrement le baisa, les yeux pleins de larmes. Et la vieille était sa fille, et il les serrait tous dans ses bras. Et un chacun, la bouche béante, le cou tendu, ne savait que dire et penser, lorsque enfin, du milieu de la foule, une voix, celle du mendiant, s'éleva, qui dit :

— Eh ! oui, les autres, c'est Pierre l'ancien, c'est le compère Pierre ! Les revenants sont des vivants ! Vive Pierre !

Et alors, tous à l'unisson s'écrièrent :

— C'est lui ! c'est lui ! c'est Pierre le chanteur ! Vive Pierre ! Bonjour donc, voisin ! bonjour donc, compère ! soyez le bienvenu, après tant longues années d'absence !

Et, ce jour-là, le veau gras fut tué. On alla s'asseoir à la salle à manger de la première auberge de l'endroit, à l'enseigne du Grand Barberousse; et le vieux Pierre dont la poitrine gonflée semblait tout près d'éclater, le vieux Pierre dont toutes les impressions de soixante années se confondaient comme les vagues rêveries de la fièvre, défaillait à son bonheur. Le gentil et plaisant récit de ses aventures merveilleuses ramena le calme dans ses sens.

Finalement, après qu'on eut bien banqueté avec bonnes et solides viandes, avec plusieurs tournées de vins frais, les vieilles légendes et complaintes de Pierre furent entonnées en chœur, et le Seigneur Dieu fut exalté dans les hauteurs de sa puissance.

Pierre le Chevrier. C'est le *Ziegenhirt* de la Collection des contes et traditions du Hartz, d'Otmar.

Nul point de l'Allemagne n'est rempli d'autant de traditions mystérieuses et terribles que le Hartz (*Hartii montes*), ancien évêché d'Ildesheim, où se trouve la célèbre ville universitaire de Goettingue. C'est un territoire montagneux, situé en grande partie dans le Hanovre méridional, depuis le district de Goslar jusqu'à Hartzgerode. Il est couvert de forêts immenses et abonde en mines d'argent, de fer, de cuivre, de plomb, de zinc, de soufre et de vitriol. Aussi, ses habitants, au nombre de cinquante mille, ne sont-ils guère que mineurs et bûcherons.

La forêt du Hartz, que les anciens appelaient *Hercynia sylva*, et que les modernes appellent *forêt Noire*, ce qui prête volontiers aux contes noirs et bleus, est, suivant les traditions populaires, l'asile classique des sortilèges et des revenants. Et le *Brocken*, point culminant de la chaîne des monts du Hartz, est le lieu de prédilection des sorcières. C'est là que, la nuit du premier mai, elles se réunissent pour leur grand sabbat de la Sainte-Walburge, comme l'a chanté la terrible ballade de Wilibad-Alexis Haering. Vérité de ballade. Or, c'est au sein même de ces montagnes que les traditions placent le séjour enchanté de l'empereur Frédéric Ier. Le souvenir de ce prince surnommé *Barberousse, par raison de ses beaux cheveux dorés*, comme disent les mémoires de Bourgogne, revit dans un grand nombre de traditions de l'Allemagne ; ambitieux et guerrier, mais soucieux avant tout de la gloire de son pays ; parfois César et parfois Attila ; ses guerres d'Italie et d'Allemagne, ses croisades en Terre Sainte, ses luttes avec les papes, son amour pour les lettres qu'il protégea et cultiva au milieu de l'existence la plus turbulente et la plus agitée, tout, jusqu'à sa mort même, qu'il rencontra en se baignant dans le Cydnus, où par une semblable imprudence avait failli périr le grand Alexandre, — tout contribue à faire de cet empereur du douzième siècle un héros quasi fabuleux pour les peuples germains. Son nom se marie aux origines de la muse en Allemagne, cette terre classique de la poésie, car il fut fondateur de la dynastie de Souabe, sous laquelle fleurirent les *Minnesinger*, contemporains et rivaux des troubadours provençaux et des trouvères français. Les Minnesinger, bien entendu, lui rendirent en lais d'amour et de triomphe ce qu'ils en avaient reçu en protection, et il est remarquable que les traditions du Hartz le dépeignent comme ayant conservé encore sous le marbre le même entraînement pour les chanteurs, et racontent les présents dont il combla ceux d'entre eux qui le visitèrent dans ses cavernes mystérieuses.

Les *Minnesinger* allemands, comme les troubadours, les trouvères et les ménestrels, passaient leur vie à voyager, allant de ville en ville chanter leurs lais de chevalerie, portant tout avec eux : leur luth et leur épée.

Les *Scaldes* et les *Bardes*, bien plus anciens que les *Minnesinger*, et qui furent les poëtes ou chantres de la Scandinavie et de la Gaule, suivaient les guerriers au combat, célébraient leurs exploits et transmettaient à leurs descendants la mémoire de leurs aïeux. Les Scandinaves et les Gaulois les plaçaient au centre de leur armée, et ils leur disaient :

« Venez nous voir combattre et mourir. Soyez les témoins oculaires de notre valeur et de nos actions ; et que vos chants soient la récompense du sang versé pour la patrie. »

Ces hommes sacrés étaient également respectés des deux partis. Après la bataille, ils saisissaient leurs cythares, et en tiraient des accents de joie ou de deuil, suivant qu'elle avait été heureuse ou malheureuse. On rapporte qu'un féroce vainqueur fit égorger tous les bardes du camp ennemi. Un seul, échappé par miracle au carnage, s'élança, la lyre en main, au plus haut des montagnes et des rochers taillés à pic sur l'abîme de la mer. Là, il célébra les siens et leur gloire dans la mort. Il chanta la honte de l'ennemi dans la victoire, le chargea d'imprécations, lui prédit les malheurs qui allaient suivre son barbare triomphe, le voua à l'oubli de la lyre, et se précipita dans les flots.

Ces chantres du moyen âge arrivaient-ils à la cour d'un prince, leur qualité de poëtes leur ouvrait sur-le-champ les portes ; elle équivalait à un titre de noblesse, et les faisait marcher de pair avec les grands. En tout château la salle du festin avait son siége réservé pour le chanteur national. Là, il répétait ses chants à la foule assemblée, jusqu'à ce qu'on les sût par cœur, et c'est ainsi que se sont perpétuées la plupart des traditions populaires les plus anciennes.

Odin dit dans le *Havamal*, sorte de livre des proverbes de ce Salomon du Nord : « C'est une vieille coutume de s'asseoir sur le siége des chanteurs et de redire de mémoire d'anciens chants ; pendant que l'on racontait ainsi les histoires du peuple, je m'assis et je me tus ; je regardai et je réfléchis. »

Ces chroniques chantées, ces espèces de cantates belliqueuses des bardes de nos pères n'étaient pas encore entièrement perdues au huitième siècle, sous le règne de Charlemagne, qui fit recueillir avec soin tout ce qu'on put en retrouver dans la mémoire des peuples. De ces chansons guerrières on tira celle de Roland, qui a joui longtemps d'une grande célébrité. Mais rien de tout cela n'est venu bien textuellement jusqu'à nous, et il ne s'en retrouve qu'un écho effacé dans de vieux manuscrits de bibliothèques publiques et dans quelques antiques fabliaux, légendes ou ballades.

On raconte aussi qu'Edouard l'Ancien, septième roi d'Angleterre, de la dynastie saxonne, et qui régnait dans le dixième siècle, deux cents ans après Charlemagne, pria le poëte Halle, avant de le récompenser, de rester assez longtemps à sa cour, pour que plusieurs de ses amis eussent le temps de recueillir de mémoire les chants qu'ils lui avaient entendu réciter.

L'auteur du *Sketch book*, l'Américain Washington Irving, s'est servi de la donnée du *Ziegenhirt* pour le plan de son *Rip van Winkle*.

Il y a nombre d'autres traditions, légendes et ballades populaires de l'Allemagne qui roulent sur le sommeil enchanté, sur cette espèce de vie de la mort sous le pouvoir d'un charme magique, pendant une longue suite d'années. Sans parler de la *Belle au bois dormant*, on peut citer, comme offrant de l'analogie avec ces traditions, la vieille histoire des *Sept Dormants*, qui remonte au cinquième siècle (voir Gibbon). Cette tradition, adoptée par Mahomet, s'est répandue plus ou moins amplifiée, comme le remarque Gibbon, du Bengale en Afrique, chez les peuples qui professent le mahométisme. Elle fut traduite en latin vers la fin du sixième siècle par les soins de Grégoire de Tours; et Paul Diacre, *Des Gestes des Lombards* (*de Gestis Longobardorum*), dans le huitième siècle, place *sept dormants* dans les régions du Nord, sur un rocher voisin de la mer. La donnée, en elle-même pleine d'intérêt et d'effet dramatique, parle vivement à l'imagination, et il n'est pas surprenant qu'elle soit devenue la base de cette foule de traditions qui ont couru par toute la terre.

LA SALADE

Un jeune Chasseur, homme de bien et de grande entreprise, de plus, aimable et gai compagnon, traversait, de fortune, un jour, ne sais quel bois en fredonnant, l'arme sur l'épaule, quand survient une vieille, tout courbée par les ans, qui lui dit :

— Bonjour, sire Chasseur, voilà qui s'appelle de la gaieté ! Mais j'ai faim et soif, donnez-moi, s'il vous plaît, quelque chose pour avoir du pain.

Lors, le Chasseur la prit en pitié, et, fouillant dans sa poche, lui donna ce qu'il avait. Et il allait continuer son chemin, quand le retenant de la voix et du geste, la vieille lui dit :

— Écoute, ami, ce que te vais dire pour te récompenser de ton bon cœur. Suis droit le sentier. Encore un peu de temps, et tu arriveras à un certain arbre. Sur cet arbre sera un manteau. Sur ce manteau seront neuf oiseaux. Sur ces oiseaux tu tireras : il en tombera un et le manteau avec. Ramasse-le ; c'est un mantel enchanté ; et dès que tu l'auras sur l'épaule, tu seras soudain où tu voudras. Ouvre en deux l'oiseau mort ; prends son cœur et le garde ; et, tous les matins, à ton lever, tu trouveras une pièce d'or sous ton oreiller. C'est l'oiseau qui t'étrennera de cette chance.

Le Chasseur la remercia, se disant :

— Si tout cela arrivait ainsi qu'elle l'annonce !

Et là-dessus il bat la campagne et bâtit des châteaux en Espagne, les plus beaux du monde. Ainsi devisant, avait-il fait à peine une centaine de pas qu'il ouït dans la ramée voisine des gazouillements et des battements d'aile extraordinaires. Il lève la tête, et avise un essaim d'oiseaux querelleurs se ruant de la patte et du bec à tirer un manteau perché là ne sait comment. Étourdissant ramage, gazouillement infernal, coups de bec qui de ci, qui de là ; sanglante bataille à qui aurait la précieuse dépouille. Mainte plume y périt et le sang coulait.

— Mais de vrai, se dit-il, c'est étonnant ! Il arrive juste comme la vieille a prédit. Lors, il tire dru tout au milieu de la gent empennée, au chaud du combat, et de plus belle le duvet des victimes vole par les airs. L'essaim, épouvanté, s'enfuit battant et traînant de l'aile et poussant des cris de détresse. Alors, le Chasseur, suivant les instructions de la vieille, ouvre l'oiseau qui est tombé, en tire le cœur et emporte le manteau quant et lui.

Le lendemain, à l'aurore, dès qu'il fut éveillé, il leva curieusement son oreiller. La pièce d'or y était brillante et neuve à plaisir. Le jour ensuivant, même liesse, et ainsi de suite, à son réveil, chaque jour que Dieu fit.

Alors, il amassa monceaux d'or sur monceaux d'or, si bien qu'à la fin il se prit à dire :

— Que me chaut tant de richesses pour rester au gîte, muet et coi comme un poisson ? M'est avis qu'il serait mieux d'aller voir choses nouvelles et goûter les plaisirs du monde. A voyager on s'instruit.

Alors, il prend congé de ses amis, se passe au cou un sac et un carquois, et le voilà qui, résolûment, se livre au vent des aventures et événements. Ainsi qu'il cheminait devant lui, il traverse, de cas de fortune, un bois fourré qu'avoisine une vaste prairie. Les roses et les lys en sortaient avec les violettes et autres fleurs plaisantes à voir et à sentir, tant et tant, qu'il semblait bien qu'il y eût en ce lieu un petit paradis terrestre.

Ce lieu l'enchanta ; mais avisant, au bout de la prairie, un château superbe qui domine et découvre au loin les champs d'alentour, il s'avance. C'était l'habitation d'une fée ancienne comme le temps. Or, la vieille avait une fille, et cette fille un visage, et ce visage les plus beaux yeux que nature eût ouverts au jour. La fée était à la fenêtre, l'œil ardent et farouche comme l'oiseau de proie, tandis que, près de sa mère, la belle enfant regardait bonnement devant elle, les bras croisés, sans songer à mal. Mais l'ancienne de mauvais cœur dit à sa fille :

— Vois-tu ce jeune gars sortant du bois ? Eh bien ! il a sur lui un trésor qu'il lui faut enlever. Cela nous irait mieux qu'à lui. C'est un cœur d'oiseau qui met, tous les matins, une pièce d'or à son chevet.

Cependant, le Chasseur approchait, et quand ce vint près du château, il aperçut la jeune dame, et délibéra discrètement en son cœur :

— Il y a si longtemps, se dit-il, que je voyage, qu'il me faut, en vérité, faire halte en ce castel, et m'y donner vacance et repos ; d'autant que j'ai d'argent assez pour y faire chère lie et payer à la bonne heure ma dépense.

Mais, voyez-vous, la vraie raison qu'il ne s'avouait pas, c'est qu'il grillait d'en savoir plus long sur la belle jeune fille de la fenêtre.

Entré dans le château, il fut accosté et choyé comme prince, et n'eut pas longtemps demeuré qu'il trouva la jeune femelle si gente, refaite, accorte et belle de tout point, qu'elle eût fait tomber un saint au mal et brigandage d'amour. Aussi, la tête lui en tourna ; et le cœur embrasé comme bois sec d'une ardeur extrême, il passait tout le jour devant elle en adoration comme devant une madone, serf et captif devenu au plaisir et fantaisie de la belle.

> Amour ! amour ! quand tu nous tiens
> On peut bien dire : adieu prudence ;

dit maître Jean, qui a quelquefois aimé. Et de fait, y a-t-il chose au monde qui ait plus précipité de gens en enfer que l'amour et que la beauté ? Holoferne fut jeté à terre par un regard de la chaste colombe Judith ; Sanson fut défait par deux gouttelettes qui tombaient des yeux d'une jeune affétée ; le roi David, ce roi sans peur, fut renversé par une volée d'œil. Et moi qui vous fais ce conte, moi-même ne me suis-je pas laissé échapper qu'une œillade m'a perdu et m'a fait le doyen de l'hôpital des fous !

Lui aussi l'était, le pauvre Chasseur, et il en perdait le manger et le boire.

Les choses ainsi amenées, la vieille dit à la jeune fille :

— C'est le moment d'avoir le cœur de l'oiseau.

Et la jeune espiègle le déroba. Lors, désormais plus d'or au chevet du chasseur : la mine avait passé à celui de la jouvencelle. Et tôt la vieille était sur pied, chaque matin, pour retirer la pièce ; mais lui n'en avait souci ni cure, tant il était ensorcelé d'amour !

— Or çà, dit la vieille, tout jusqu'ici va bien. Le cœur de l'oiseau est à nous ; mais nous manque encore le manteau enchanté, et celui-là faut aussi qu'il nous vienne.

— Oh ! mère, fit la jeune, grandement troublée, ne pourrions-nous, à cette heure, laisser ce pauvre homme ? N'est-ce assez qu'il ait perdu son trésor ?

Oyant tel discours, la fée rougit de colère.

— Qu'est-ce à dire ? s'écria-t-elle, sachez que ce manteau, ouvré d'un divin artifice, est la rareté la plus merveilleuse : il me le faut, je le veux, et l'aurai.

Donc, le cœur sensiblement aggravé de peine, la jeune fille obéit sous l'œil farouche de la fée. Alors, elle fut à la fenêtre, jetant soupirs et gémissements devers la campagne, et le Chasseur lui dit :

— Qu'avez-vous, ma reine, que vos beaux yeux vont pleurer?

— Las, hélas! sire Chasseur, tout là-bas, à l'horizon bleu, est la montagne des grenats où croissent les plus belles pierreries de l'univers. J'ai si grande envie d'y aller que toutes et quantes fois je viens à y penser, le cœur m'en brise, et je ne puis m'empêcher de gémir. Car y aller qui le peut? — Les vents, les nuages, l'éclair, et les oiseaux peut-être, et les mouches de l'air; — mais les hommes, jamais.

— N'est-ce que cela? Consolez-vous. Je vous y conduirai de grand cœur, et à l'heure même.

Lors il la couvre d'un pan de son manteau, et il souhaite d'être sur la montagne de grenats, et le temps d'y penser ils y sont tous deux.

Les pierreries foisonnaient en ce lieu comme poussière aux champs et sable à la mer, que c'était plaisir. A tant, ils ramassèrent les plus belles. Mais la mégère édentée avait jeté sur lui un charme, si bien qu'il sentit ses yeux chargés de sommeil, et dit à la jeune dame :

— Asseyons-nous ici tous deux, et nous remettons. Je suis si fatigué que plus longtemps ne saurais tenir debout.

Or, ils s'assirent sur le gazon, et quand y furent, il laissa aller sa tête sur les genoux de la belle, et s'endormit si pesamment, que le grand bruit des plus grosses artilleries de ce monde n'eût réussi à l'éveiller. Et alors qu'il dormait, la mignonne retira le manteau de dessus les épaules du Chasseur, le jeta sur les siennes, ramassa les diamants, et n'eut qu'à souhaiter d'être retournée chez elle.

Quand, au réveil, plus mort que vif du froid qu'il avait enduré couché sur la terre nue, il vit le tour qu'on lui avait joué : — Ah ! que de méchanceté en ce monde ! s'écria-t-il ; et il sentit frissonner son courage et le cœur lui faillir, et il ne savait à quel saint se vouer ; car cette montagne rocheuse et redoutée appartenait à des géants de vieille race qui l'habitaient.

Et en effet, voici venir au loin trois de ces

titans que deux enjambées vont mettre près de lui. — Où se cacher? s'écrie-t-il à part lui. Couchons-nous là plutôt, et faisons semblant de sommeiller. Lors, il s'accommode par terre, faisant le mort à ravir.

Viennent les géants : — Qu'est-ce donc que ce ver qui là s'est roulé? dit le premier, poussant du pied le malheureux Chasseur.

— Marche dessus et l'écrase, dit le second.

— Pas la peine, dit le troisième; laisse-le vivre. Quand il rampera vers le haut du mont, un nuage roulant du ciel le balayera comme un brin d'herbe et l'emportera à tous les diables.

Ceci dit, ils passèrent. Mais le Chasseur avait tout entendu. Et à peine furent-ils éloignés qu'il grimpa tout au plus haut de la montagne; et, depuis quelques minutes, il y était assis, quand croule impétueusement du ciel une trombe qui le saisit et l'emporte en tourbillonnant d'un pôle à l'autre, court avec furie à travers les mondes, va, vient, se berce, et tournoyant soudain dans l'espace, fond et s'arrête sur un jardin potager emmuré de toutes parts et où elle dépose notre homme le plus doucement et suavement à terre parmi laitues et autres légumes.

Revenu à lui, et sentant qu'il n'a rien eu de détraqué en ce terrible voyage à travers les airs, il « sèche du mieux qu'il peut son corps chargé de pluie, » et cherche à la fois à se rendre compte du lieu où il se trouve. Voyant alors que c'est un marais commode en fertilité de toute sorte de légumes sans plus, il se dit :

— Encore s'il y avait là quelque poire pour la soif, quelque pomme ou autre fruit un peu plus nourrissant à se mettre sous la dent ! Mais, non, rien que des légumes, et toujours des légumes ! Ma foi ! je ne suis guère mieux loti que là-haut !

A la fin, il se ravise :

— Mais je suis dupe, se dit-il, je peux bien manger une salade, ça me donnera des forces ; à tout le moins ça me rafraîchira.

Alors, il en prend une tête, la plus belle qu'il puisse trouver, l'épluche et la mange. Mais avait-il à peine avalé deux bouchées, qu'il sent un mouvement subit extraordinaire s'opérer en toute sa personne. Il se regarde, et voit avec horreur qu'il a cessé d'être homme ; poil bourru par tout le corps, comme dit cet autre ; queue au derrière; oreilles en tête, longues sans mesure; corne dure aux pieds et aux mains; rien n'y manque : il est âne. Il veut gémir et se plaindre, il brait, et sa voix de tonnerre l'épouvante lui-même.

Ce néanmoins, telle déconvenue ne l'empêche pas de sentir une faim dévorante.

— Ma foi, se dit-il, la salade est si bonne, que le mal étant fait, j'en veux manger encore, j'en veux manger toujours.

Et, comme avec rage, il en mangea jusqu'à ce que ce vint à une autre salade qu'il eut en gré comme la première. De cette seconde il avait à peine avalé deux feuilles, qu'il sentit soudain en lui nouveau changement s'opérer encore; changement heureux, cette fois, car il se vit avec délectation revenu à sa première forme.

Alors il rendit grâces à Dieu, comme tout chrétien le doit faire; puis, étendu bellement sur un lit de légumes, il dormit à force de fatigues.

Le lendemain, quand il ouvrit les yeux, à la pointe du jour, il cueillit une tête de la bonne salade avec une de la mauvaise, et se dit entre les dents :

— Voilà de quoi refaire ma fortune et payer à beaux deniers certaines gens de leurs mauvais tours.

Ravi à ces pensées, il saute par-dessus le mur de clôture et pousse à grand'erre plus loin, en quête du fameux château et de ses anciennes amies les châtelaines. Enfin, après avoir cheminé par longs circuits et détours, il trouve ce qu'il cherchait. D'abord, il se bronze la face d'une couleur brunâtre à tromper l'œil même de sa mère; puis, frappant au château, il demande, sans plus de façon, l'hospitalité.

— Je suis si fatigué, fait-il, que ne saurais aller plus loin.

— Bon villageois, dit la fée, qui êtes-vous ? Et quelle affaire vous mène en ces cantons?

— Je suis un messager des potagers du roi, envoyé à la recherche de la plus belle salade qui fût sous le soleil. A la bonne heure, je l'ai découverte et l'apporte avec moi; mais le hâle est si fort, que voilà qu'elle se frise et se fane, et je doute, en vérité, que je la puisse porter plus loin.

Quand la fée et la jeune fille eurent ouï parler

de cette royale salade, l'eau leur en vint à la bouche, et elles eurent une immense curiosité de la voir.

> Désir de femme est un feu qui dévore :
> Désir de *fée* est cent fois pire encore !

Et toutes deux à l'envi s'écrièrent :

— Montrez-la, de grâce, cher villageois.

Or, c'était là qu'il les attendait.

— Oui-da ! fit-il, d'un air innocent et bénin ; j'en ai deux têtes, et vous en aurez une.

Lors, il ouvrit son sac et en tira la mauvaise, qu'il leur fit voir et donna. Déjà des yeux elles la dévoraient à l'avance, et n'y pouvant plus tenir, la vieille l'emporta de ses mains à la cuisine pour l'accommoder, et quand ce fut prêt, elle ne sut attendre qu'on la montât, elle saisit quelques feuilles qu'elle se mit dans la bouche ; mais incontinent, rien que de les goûter, déjà elle avait perdu sa première figure, et piteusement se prenait à braire, courant devers la cour sous forme d'ânesse, n'ayant, au vrai, perdu guère au change.

Lors, à son tour, la servante vint à la cuisine,

Soudain comme la vieille elle fut ânesse; et, laissant tomber par terre salade et saladier, s'en alla dans la cour braire de compagnie avec l'autre arcadienne.

et voyant la salade épluchée, la mit en un saladier de vermeil et la monta. Mais, chemin faisant, la tant belle salade lui sourit comme à la vieille, et furtivement elle en goûta quelques feuilles. Soudain, comme la vieille, elle fut ânesse; et laissant tomber par terre salade et saladier, s'en alla dans la cour braire de compagnie avec l'autre arcadienne.

Cependant l'illustre messager des potagers du roi soutenait joyeux devis au fond des appartements avec la demoiselle; et comme celle-ci ne voyait rien venir et fortement s'impatientait, la salade lui tenant au cœur, elle dit :

— Mais que peut donc être devenue cette salade?

Notre homme soupçonna sur-le-champ quelque aventure extraordinaire.

— Permettez, dit-il à la belle, je vais voir à la cuisine.

En y allant, il avisa par la fenêtre de l'escalier deux coursiers aux longues oreilles piaffant et batelant dans la cour comme des âmes en peine. Il vit aussi la salade épandue dans le vestibule.

— Bravo ! se dit-il, celles-ci ont déjà leur compte. A la perfide maintenant.

Alors il ramasse curieusement la salade feuille à feuille, remet le tout dans le vase de vermeil, et le présentant à la jouvencelle :

— Voici, dit-il, un plat de mon métier que je suis heureux de vous servir moi-même pour que vous n'attendiez plus longtemps.

Sans défiance, elle se jette dessus, en mange, pousse un cri, et va dans la cour joindre à celle des autres la tempête de sa voix.

Que fait le Chasseur ? Il se lave la figure et descend dans la cour se faire reconnaître.

— Maintenant, les péronnelles, cria-t-il, les apostrophant d'un air narquois, vous allez me le payer pour vos méchancetés.

Et vite il vous les attache toutes trois par un licou et les chasse devant lui jusqu'à ce qu'il arrive à un moulin où il frappe joyeusement.

— Qui va là ? fait le meunier.

— Or, sus, j'ai là trois méchantes bêtes; si les voulez, on va vous dire comme il les faut traiter. On sera généreux sur les salaires.

— De tout mon cœur : qu'en ordonnez-vous ?

— Trois fois par jour vous étrillerez la vieille d'importance, non de l'étrille, mais du bâton, et lui baillerez du foin une seule fois. A la seconde (c'était la servante), les étrivières une fois et trois fois du foin. Pour la plus jeune enfin (qui était la belle jeune fille), servez-la de foin et d'avoine trois fois par jour, mais pas de coups; car malgré lui il la tenait enclose au cabinet de son cœur et ne pouvait se résoudre à la laisser battre. Ce dit, il retourna au château désert, où il retrouva tout ce qu'on lui avait pris.

A quelques jours de là vint le meunier qui lui dit :

— La vieille est morte; les deux autres sont encore en vie, mais si maigres, si tristement décharnées qu'à peine ont-elles du souffle pour un jour, et s'en vont mourir.

Le Chasseur, qui n'avait pas un cœur de diamant, les prit en pitié :

— Amène-les, dit-il au vilain ; et quand elles furent devant lui, il rassura la jeune, lui souriant, la flattant, lui polissant les oreilles ; puis à chacune il donna un peu de la bonne salade, et incontinent le charme opéra, et la belle jeune fille, plus belle encore de sa douleur, se jeta, les mains jointes, à deux genoux :

— O Chasseur adoré, dit-elle ; pardonnez-moi mes offenses : c'est ma mère la fée qui de son pouvoir m'y forçait bien malgré mon cœur, Je vous jure, car tout d'abord que je vous ai vu je vous ai aimé. Votre manteau enchanté est dans la garde-robe, reprenez-le avec le cœur de l'oiseau que je vais vous rendre.

— Mais lui ? Gardez tout, fit-il ; avec ce cœur prenez le mien ; tout est à vous, et recevez aussi ma main.

Et ils furent mariés, et vécurent en joie et félicité jusqu'à leur dernière heure, comme dans tous les contes.

Ce Conte est le *Krautesel* de la collection des frères Grimm. La transformation rappelle tout naturellement à la pensée *l'Ane de Lucius de Patras*, ce vif et ingénieux récit, traduit avec tant de charmes par Paul-Louis Courier; et *l'Ane* de Lucien, ou *la Luciade*, perdu aujourd'hui en original, mais dont *l'Ane d'or* d'Apulée est la traduction ou plutôt la paraphrase un peu pédantesque.

La même transformation se retrouve aussi dans Prætorius (II, 452). Chez Lucius, c'est la rose; chez Prætorius, c'est le lys qui a la vertu de rendre l'âne à la forme humaine.

Il ne faut pas se laisser prendre au titre du charmant petit poëme de l'*Ane d'or* de Machiavel; le poëme finit sans que la métamorphose attendue se soit en réalité accomplie. Tout en gardant sa figure humaine, le héros du poëme cause, comme l'Ulysse de Plutarque, de La Fontaine et de Fénelon, avec des hommes transformés en bêtes et qui ne veulent pas changer d'état.

Dans la donnée populaire originale de notre conte, le chasseur avale le cœur de l'oiseau; la jeune fée lui donne un breuvage pour le lui faire rendre, et elle l'avale à son tour.

Quel est le berceau de la primitive tradition de ce conte? On l'ignore. Toujours est-il que les versions diverses que l'on en possède, soit écrites, soit seulement orales et populaires, ne sont que des variantes de celle de Lucius de Patras et de Lucien et Apulée. L'histoire de Lucius et celle de Lucien sont-elles contemporaines, ou, mieux encore, comme le pense Courier, sont-elles toutes deux l'ouvrage d'un même auteur à des âges divers? C'est une double question qu'il n'est point de notre ressort d'examiner. Nous nous bornerons à remarquer que la source de cette histoire pourrait bien, en fin de compte, venir d'Espagne, si le choix des noms d'*Andalusia*, *Marsepia*, et *Ampedo*, qui figurent dans les métamorphoses de *Fortunatus,* venait de l'original et n'était pas le fruit du caprice d'Apulée le traducteur.

On retrouve une autre version encore de notre histoire dans les Gestes des Romains, **Gesta Romanorum**.

Maintenant, que penser, au vrai, de semblables métamorphoses? Nous vous le demanderons à vous-même, ami lecteur, si vous avez le courage de prendre un parti en si grave matière après saint Augustin? « On ne sait, dit ce père, s'il est vrai que Lucius ait été quelque temps transformé en âne. »

LA SOURIS, L'OISEAU
ET LA SAUCISSE

LA SOURIS L'OISEAU ET LA SAUCISSE

Il était une fois un Souriceau, un Moineau et une Saucisse qui, voyant dans les légendes que l'union fait la force, se mirent en tête d'habiter et vivre en commun. Heureux qui vit chez soi ! —

Et de fait, à la façon dont ils s'arrangèrent, ils pouvaient couler ensemble à toujours la plus aimable et moelleuse existence. Car cette communauté de biens, de pensées, de soins et d'efforts, triplant de tout point leurs ressources, en eut bientôt fait des millionnaires. Tout leur prospéra donc; aussi devinrent-ils heureux comme des rois et gras comme des moines, à ce temps où les moines étaient gras et les rois heureux.

Toujours vigilants et avisés, bien accords et discrets, toujours pleins de caresses et attentions réciproques, ils entretenaient l'amitié par de petits présents tantôt d'une chose, maintenant d'une autre. Et menant la vie la plus honnête, il n'était maison plus percée de fenêtrages, ni mieux éclairée du dehors que la leur, comme celle du sage. Et le jardin donnait des graines à plaisir, des fruits plaisants à l'œil et au goût pour grignotter, des ombrages pour faire des passages d'harmonie. Serviteur des bonnes grâces de la Souris, l'Oisillon amassait gentilment pour elle du lard et des noix, des marrons et de vieux vélins de poésies galantes. Le Souriceau, ravi de grande joie et allégresse, épluchait en trottillant du millet et du blé pour son ami ; et la Saucisse avait à profusion saindoux et chapelure pour s'y rouler aux heures de loisir et d'enjouement. .

On avait à souhait réparti les rôles dans le ménage : l'Oiseau, courrier de la société, eut pour besogne d'aller faire, chaque jour, la provision de bois dans la forêt ; et la Souris, agile et proprette, celle d'apporter de l'eau, de faire le feu et de mettre le couvert. A la Saucisse, qui flairait baume, échut la fonction de cuisinière.

Mais notre condition jamais ne nous contente. Est-on heureux, on se lasse de son bonheur ; on veut à tout prix du nouveau. Or, un beau jour advint que le Moineau fit rencontre d'un fruit sec des grandes volières de collège, ami de couvée, frère de lait qu'il n'avait pas revu depuis longtemps, franc gibier de potence, maintes fois repris de justice pour dégâts avec effraction dans les jardins fruitiers. Il lui fit le tableau d'une si touchante union. Tandis que lui pleurait de tendresse, l'autre pâmait de rire.

— Ah çà ! lui dit le vaurien, as-tu perdu l'esprit, mon garçon? Tu fais vraiment pitié. Te voilà à la tâche ainsi qu'un nègre ou un serin savant, comme s'il n'était pas écrit, au premier des Politiques, que c'est folie de se mettre, pour les autres, sur les dents à s'abréger les jours. Et pourquoi, je te prie, quand les deux matoises en prennent si fort à leur aise au coin du foyer? Et en effet, ajouta-t-il, dès que commère la Souris a fait son feu, apporté son eau, que fait-elle? Parbleu! elle se croise bras et jambes dans sa chambrette, ou va se promener dans sa fourrure, jusqu'à ce qu'on l'appelle pour mettre la table. L'indolente Saucisse s'étend mollement près du fourneau, la grasse matinée, et n'a rien absolument à faire de tout le jour qu'à écumer son pot; seulement, quand vient l'heure du dîner, elle met le beurre et le sel, et il n'y a plus qu'à servir; et pour tout cela que faut-il? une minute. Je t'en supplie en l'honneur de Dieu et des sept arts libéraux, mon vieux camarade, ne te laisse pas exploiter ainsi.

Après cette conversation, notre Oiseau revient au logis, jette à terre son fagot qu'il trouve plus pesant qu'à l'ordinaire, et l'on se met à table.

Au dessert, on prend la goutte, la goutte qui n'a jamais fait les ivrognes, mais qui fait les amis! On se dit adieu, et l'on va se coucher; et la nuit est bonne et sans mauvais rêves, et l'on se dorlotte et s'écoute vivre la douce matinée. Quelle délicieuse existence, Dieu protecteur! Et dire que cela pouvait durer à jamais!

Mais le lendemain, le Moineau, à qui son mauvais sujet d'ami avait monté la tête, refusa d'aller au bois, alléguant qu'il était depuis trop longtemps leur bête de somme et la dupe de sa facilité; qu'à chacun son tour les corvées, et qu'il voulait changer d'attribution dans le ménage. Ce qu'entendant, la Souris s'évanouit et la Saucisse en devint blanche. En vain s'épuisèrent-elles en prières pour que les choses restassent réglées comme devant : paroles inutiles! l'obstiné tint bon et chôma tout le jour, la tête sous son aile.

A la Saucisse échut d'aller au bois, au Souriceau de faire la cuisine, à l'Oisillon d'apporter de l'eau.

— Qu'arriva-t-il, Dieu de bonté! d'avoir ainsi distrait un chacun de la fonction qui lui était propre? La Saucisse se mit en route pour le bois, le petit Oiseau fit du feu, la Souris mit le pot et attendit que la Saucisse revînt de la clairière avec la provision du lendemain. Mais la pauvre Saucisse resta si longtemps, si longtemps dehors, que l'on commença à craindre pour elle quelque mésaventure. L'Oiseau prit sur-le-champ son vol pour aller à la découverte. Non loin de là il trouve sur la route un chien gras, qui lui dit :

— En effet, j'ai rencontré par le chemin une Saucisse effarée. Tiens! fis-je, c'est mon affaire! et je lui ai donné un coup de dent.

L'Oiseau s'indigne et le traite d'assassin, de voleur de grand chemin.

— Eh! qu'est-ce à dire? répond l'autre. Taisez donc votre bec, et ne m'échauffez pas les oreilles. Encore si cette bête de Saucisse, que Dieu confonde! (un chien est incivil) eût été à sa place et dans son assiette, à la bonne heure; mais non, elle roulait le pavé, comme folle de son corps ou plutôt comme un espion. Elle n'a eu que ce qu'elle méritait, et j'étais, parbleu! dans mon droit.

—Que dire davantage ? le mal était fait. L'Oiseau fit donc, cette fois, comme le sage : il fut ménager de ses paroles. Alors il ramassa le bois, la mort au cœur, rentra au logis et raconta ce qu'il avait vu et appris. La Souris en fut comme lui navré. Mais on convint, en s'embrassant, de s'arranger pour vivre ensemble.

Par quoi, le petit Oiseau entreprit de mettre la nappe et le couvert, et la petite Souris de terminer le dîner ; mais lorsque ce vint à fouiller au fond du pot pour en tirer l'ordinaire et dresser les plats, elle tomba dans la marmite la tête la première et s'y noya. Et puis, quand l'Oiseau alla dans la cuisine chercher le dîner pour le servir, adieu ! plus de cuisinière ! Alors il se trouble, il jette le bois deçi, delà, partout à l'aventure, appelle, appelle encore, cherche dans tous les coins et recoins, point de cuisinière !

Quand soudain, portant les yeux vers le pot-au-feu, il voit avec horreur la queue de son amie qui passait, frémissante encore, en dehors de son tombeau.

—Malédiction ! malédiction ! s'écria-t-il ; j'aurai donc aussi causé sa mort !

Et voilà le feu qui roule sur le bois, et voilà le bois qui s'enflamme, et voilà la maison qui brûle. Il vole chercher de l'eau, mais le seau lui échappe et tombe dans la fontaine ; et ses ailes prennent feu, et la maison s'écroule, et la mort le frappe au milieu des tortures de la flamme et du remords.

Ainsi finit lamentablement cette histoire, qui aurait pu ne finir jamais, ou finir bien.

Le conte du Souriceau, du Moineau et de la Saucisse, le *Von dem Mäuschen, Vogelchen und der Brat Wurst* du recueil des frères Grimm, n'a été donné ici que comme un exemple de l'étrange association de personnages que font figurer les traditions de l'Allemagne. Elles excellent à mettre en jeu les animaux, et ces sortes de fables accuseraient volontiers une origine plus ancienne que les féeries. Mais, on l'a vu, leur morale en action introduit sans plus de scrupule des personnages inanimés : le Soleil, la Lune, les Étoiles, les Vents, une Goutte de sang, une Boucle de cheveux ; et tout ce monde de fiction parle comme un livre et amène souvent les

— En effet, j'ai rencontré sur le chemin une Saucisse effarée, et je lui ai donné un coup de dent. — L'Oiseau s'indigne et le traite d'assassin.

effets les plus dramatiques. La Montagne qui accouche d'une Souris, le Pot de Fer et le Pot de Terre, sujets empruntés, le premier à Phèdre, le second à Ésope, donnent une juste idée du parti que l'imagination peut tirer de semblables acteurs. L'esprit allemand ne s'arrête pas en si beau chemin, et il établit une société en commandite entre une Saucisse et deux êtres animés. Un conte bourguignon de la Vigne dédaignant la Cuve où se fait le vin, prouve que l'imagination française n'est guère en arrière de l'imagination allemande, en matière d'étrangeté, et qu'elle a su s'inspirer de la donnée antique des Membres et l'Estomac. Le possible est une considération dont ne s'inquiètent guère de pareils jeux d'esprit. Du reste, la morale est presque toujours au fond, alors même que l'enveloppe est le plus bizarre.

Le sentiment de la nature qui se mêle au goût de la rêverie et du merveilleux chez les races teutoniques, explique la supériorité de leurs légendes et traditions où les animaux sont en jeu. Rien d'amusant comme leur histoire du Roitelet et de l'Ours. Celui-ci, personnage brusque et mal appris, voit un jour, dans leur nid, les petits du Roitelet qui est allé à la provision, et leur dit en face qu'ils sont laids. Le père revient et trouve sa couvée en fureur et en larmes. On l'a insultée chez elle ; elle ne mangera pas qu'elle n'ait été vengée. Alors, le Roitelet, général en chef de tout ce qui vole, proclame la guerre sainte. Toute la gent empennée : oiseaux, insectes, est en émoi, aiguise son bec, ses serres et ses aiguillons, et se prépare à faire son devoir de bon volatile. L'Aigle à l'œil perçant, au vol souverain et qui prend la proie à force d'aile, est nommé général en second. Il a sous ses ordres les oiseaux de bon corsage, à sentiment de gloire, bien armés de bec et d'ongles, âpres à la chair. Le Faucon à la tête ronde, au bec court et gros, au cou long, aux épaules larges, aux pennes fermes et subtiles, est nommé commandant d'un escadron de bombardiers, appelé à donner pointe et à fondre, au chaud du combat, droit sur la tête de l'ennemi. Le Coq, huppé, accrêté comme un tambour-major, sonne la charge avec les oiseaux chanteurs. Les oiseaux chargés de cuisine ont l'arrière-garde avec le Corbeau et la Buse toujours affamés. L'Hirondelle sert de courrier. Et les oiseaux de pipée, avec leur sifflets trompeur, ont l'avant-garde.

L'Abeille savante, le plus grand politique de tous les animaux, dresse le plan de bataille avec la sage Fourmi. Le Moucheron, distillant dans ses jus secrets son venin subtil, se met en appétit de boire aux dépens de l'Ours, et la Guêpe se promet le menu plaisir de mettre en déroute par ses piqûres, avec son ami le Moucheron, les plus huppés entre les ennemis. Les Mouches et les Sauterelles flottent par l'air en nuages d'avant-garde et obscurcissent le ciel. L'armée ennemie des quadrupèdes croit à une éclipse, et la Corneille crie, à gauche, au mauvais présage.

Le Renard, nommé général en chef des animaux à quatre pieds, fourbit toutes ses vieilles ruses et s'écrie : « En avant ; marchez au signe de ma queue ; tant qu'elle sera dressée, croyez à la victoire. »

La charge a sonné, les bataillons s'ébranlent et le combat va s'engager. Quand soudain fondent la Guêpe et le Moucheron qui se glissent sous la queue si fière de maître Renard. Bon sang ne peut mentir : celui-ci frémit, mais tient bon contre les premières atteintes de la douleur. Alors la Guêpe fait jouer son grand ressort, donne à coups redoublés de son dard au défaut de la cuirasse. Non moins ardent, le Moucheron perce de sa lancette de chirurgien, et suce la crème du sang en laissant pour gage de son passage les angoisses de son poison. La queue se baisse frémissante, et se relève, se baisse de nouveau et se relève encore d'un effort généreux. Vaincu enfin, le Renard tourne bride, la queue entre les jambes. La bataille est perdue et le carnage commence. L'Ours, humilié, est réduit à s'agenouiller dans la poussière et faire amende honorable aux Princes Roitelets à la bavette.

On s'attend bien aussi à voir figurer dans les traditions des campagnes le Coq-Chante-Clair, la Poule Pondeuse et l'Oie d'Or. Il y a sur tout ce monde les contes les plus divertissants que je vous conterai un jour. Ce sont de bonnes gens à vertus domestiques et sûres, qui donnent de sages leçons aux hommes, essayent de les sevrer des inquiétudes de l'ambition, et de leur apprendre ce que presque tous ignorent : le bonheur dans le repos et la médiocrité, dans l'union et la mutuelle bienveillance.

LA FILLE

DE BASSE-COUR

Il était une fois une vieille reine, veuve depuis quelques années, qui avait une fille belle comme le jour. Dès que la fille fut grande, on la fiança au prince d'un royaume par delà, bien loin, bien loin. Quand vint le temps des épousailles, elle se prépara pour son voyage au pays de son époux.

La reine alors, en bonne mère qu'elle était, se mit à entasser pour la princesse magnificences sur magnificences; il n'y eut pour elle assez d'or et de soie, car elle était l'enfant de son cœur.

Elle lui donna aussi une suivante pour cheminer à ses côtés, et la remettre, au terme de la course, aux mains du prince.

Chacune enfin reçut une bonne jument pour faire sa route.

Or, notez, celle de la princesse avait nom Falada et parlait.

Etant venu le moment de partir, la bonne reine entra dans la chambre de sa fille, et prenant un petit couteau, elle tira une goutte de sang de son cœur, qu'elle donna à la princesse.

— Aies-en bien soin, dit-elle, chère enfant, car c'est un talisman qui te gardera de mal le long du chemin.

Lors, elles se tinrent embrassées, se couvrant de caresses et de larmes, et elles se dirent un long et pénible adieu, et la princesse mit la goutte de sang maternel dans son sein, puis monta sur son cheval, puis :

— Adieu, ma mère! encore une fois adieu !

Et la voilà qui chemine vers les États de son fiancé; et la route au loin poudroie sous les yeux de la mère en pleurs.

Or, advint qu'un jour, passant près d'une source claire à plaisir, la princesse se sentit grand soif :

— Descendez, je vous prie, fit-elle à sa suivante, et me puisez de l'eau dans ma coupe d'or à ce ruisseau tout près, car la gorge m'ard.

— Par ma finte, n'en ferai rien, répond la suivante mal apprise; si avez soif, descendez vous-même et vous désaltérez au courant, je ne veux plus longtemps vous servir.

Et la princesse avait si soif, qu'en effet elle descendit, mit le genou en terre au bord du ruisseau et but à même, car elle avait peur et n'osait tirer de l'étui sa coupe d'or. Puis, la pauvrette se mit à pleurer, disant :

— Hélas ! hélas ! que vais-je devenir ?

Et la goutte de sang répondit :

> Ah ! si ta mère, enfant, ne l'ignorait,
> Que tristement son cœur en gémirait !

Mais la belle enfant était douce, timide et simple de cœur; et, sans murmurer ni se plaindre, elle remonta sur son palefroi et chemina de nouveau.

Ainsi elles poussèrent loin, bien loin; quand l'air s'embrasa tellement, au chaud du midi, qu'on respirait, pour ainsi parler, les flammes du soleil, et que la soif vint dévorer, encore plus ardente, l'infortunée princesse. Aux abois et près de pâmer, elle oublia le rude langage de la suivante, et, à la source prochaine, doucement elle dit :

— Au nom du ciel! descendez, et m'allez quérir à boire dans ma coupe d'or.

Mais la fille, sur un ton plus hautain et plus insolent que la première fois :

— Allez-y, fit-elle, allez-y vous-même, si le voulez. Suis-je faite encore pour vous servir?

La princesse alors, toute tremblante, mit pied à terre, s'agenouilla au plus près de l'eau, et penchant son beau visage sur la fontaine pour boire à même, elle disait en pleurant :

— Hélas! hélas! que vais-je devenir?

Et la goutte de sang fit encore :

> Ah! si ta mère, enfant, ne l'ignorait,
> Que tristement son cœur en gémirait!

Et, comme elle s'inclinait davantage pour atteindre l'eau courante, vint à choir de son sein la goutte de sang que la source eut bientôt emportée dans son cours sans que la princesse le vît, tant elle était troublée! Mais l'infidèle suivante l'avait vu, et s'en réjouissait au fond de l'âme, car elle connaissait le charme :

— La voici, se dit-elle, en mon pouvoir, à cette heure, qu'elle a perdu son talisman!

Adonc, quand la princesse eut étanché sa soif, et qu'elle voulut reprendre sa monture, la fille lui dit :

— C'est moi qui monterai Falada, ma bête est assez bonne pour vous!

Et force fut à la fiancée de céder son cheval; puis après, ses vêtements royaux, et de se couvrir, à la place, des vils accoutrements de sa suivante.

Approchant déjà le terme du voyage, la perfide menaça de mort sa maîtresse, et le couteau sur la gorge, lui fit faire un serment terrible de ne sonner mot de ce qui s'était passé. Mais la fidèle Falada avait tout vu et tout noté.

Cependant la fille de chambre s'était mise à l'aise sur la haquenée royale, laissant la véritable fiancée s'arranger sur l'autre comme elle l'entendait. Mais voilà bientôt Falada qui bronche, qui se cabre, qui fait le saut de mouton, et jette la fille dans la poussière. La princesse, toujours bonne et simple de cœur, vole au secours de l'indigne suivante, la ranime et reconforte avec un peu d'Eau des Carmes, et la remet sans blessure en selle. Puis de la voix et du geste elle flatte la bonne Falada et la fait pleurer de tendresse. On arrive enfin, sans autre aventure, au palais du roi.

Là, grand émoi du plus loin qu'on les voit venir, et le prince accourt à leur rencontre, et courtoisement tient l'étrier à la suivante et de la main l'aide à descendre, la prenant pour sa promise. En grande pompe enfin et cérémonie, elle est convoyée aux appartements royaux, tandis qu'on fait rester la vraie princesse en bas dans la cour.

Mais, de fortune, le vieux roi, qui aimait l'air,

mit le nez à la fenêtre, et l'aperçut qui se soufflait dans les doigts. Et comme, en dépit de son costume, elle était encore merveilleusement belle, et lui semblait trop gente et délicate pour une simple suivante, il entra dans la chambre royale et demanda à la fausse fiancée qui donc elle avait amené avec elle, que l'on voyait se morfondre en la cour.

— Ah! fit l'autre, c'est la petite qui m'escorte en voyage. Qu'on mette cela à l'ouvrage; je n'aime pas qu'on reste à rien faire.

Ce néanmoins, le vieux monarque ne put de longtemps se résoudre à lui donner un rude labeur. Il se dit à la fin :

— J'ai un garçon qui garde mes oies; celle-ci est mon fait pour l'aider.

Or, ce garçon que la vraie fiancée devait aider à garder les oies royales, s'appelait Dindonneau, lourde bête, grand benêt, vraie pâte de basse-cour.

Peu après, la fausse fiancée dit au prince ;

— Cher amour, voudriez-vous point me faire un grand plaisir?

— A vos souhaits : répondit le prince.

— Alors, fit-elle, envoyez, et tôt, l'un de vos exécuteurs couper la tête à la jument blanche qui m'a amenée; c'est la plus vicieuse bête du monde, et qui m'a fait des traits tout le long du chemin.

C'est que voyez-vous, elle craignait que Falada ne vînt à raconter ses infamies et déloyautés de la route. Mais le prince n'aurait su refuser à sa reine, et la vertueuse Falada fut décollée. De quoi la vraie fiancée fondit en larmes, et elle supplia l'exécuteur d'accrocher la tête de Falada sous l'ogive obscure de l'huis de la ville, par lequel il lui fallait, chaque matin, passer.

— A tout le moins, se disait-elle, chaque matin, la reverrai-je encore!

— Soit, dit le bourreau, passez-vous en la fantaisie, la belle jeune fille! Et il coupa proprement la tête, et il la pendit au croc, en façon de bucrâne antique, à la voûte obscure de la porte.

Le lendemain, à la bonne heure, comme elle arriva sous la porte avec son compagnon, elle se prit à dire :

Falada! Falada! te voilà donc pendue!

Et la tête répondit :

> Princesse, à quel emploi te vois-je descendue !
> Ah ! si ta mère, enfant, ne l'ignorait,
> Que tristement son cœur en gémirait !

Et ils passèrent ; et, chassant les oies devant eux, allèrent aux champs.

Arrivée à la prairie où s'ébattait d'ordinaire la basse-cour royale, la fiancée se fit un siége d'un monceau de verte ramée, ôta sa coiffe, et dénoua ses cheveux qui tombèrent sur ses blanches épaules en flots éblouissants, car ils étaient de fin or. Dindonneau n'eut pas plus tôt vu luire au soleil cette crinière divine, qu'il accourut, et de ses grosses mains il allait en saisir les tresses ; mais sur-le-champ elle cria :

> A moi, zéphirs, à moi, troupe légère !
> Çà, décoiffez bien vite Dindonneau.
> Soufflez, soufflez, emportez son chapeau !
> Qu'après il coure à travers la bruyère,
> A travers champs, à travers la rivière.
> Soufflez, soufflez, emportez son chapeau,
> Jusqu'à ce que l'or de ma chevelure
> Soit, bien natté, remis sous ma coiffure !

Alors, fraîchit une bise si violente qu'elle emporta le couvre-chef de Dindonneau et le fit voler emmi monts et vallées, lui courant après, jusqu'à ce qu'enfin elle s'apaisât vers la rivière prochaine ; et quand revint le pauvre gars, la fiancée avait fini de peigner et tresser sa chevelure et l'avait mise en sûreté sous sa coiffe. Mais le benêt essoufflé avait pris de l'humeur et il bouda sa compagne tout le reste du jour. Cependant, ils continuèrent à garder côte à côte les oies royales jusqu'à la brune où ils rentrèrent à la basse-cour.

Le lendemain, passant sous la porte obscure, la pauvre fille leva de nouveau ses beaux yeux obscurcis de larmes vers la tête de Falada, et lui dit :

Falada ! Falada ! te voilà donc pendue !

Et la tête répondit :

Princesse, à quel emploi te vois-je descendue !
Ah ! si ta mère, enfant, ne l'ignorait,
Que tristement son cœur en gémirait !

Cela dit, la fiancée poussa les oies devant elle, et s'asseyant à la même place, dans la prairie,

— Falada! Falada! te voilà donc pendue!
Et la tête répondit :
— Princesse, à quel emploi te vois-je descendue!

elle se mit à détacher ses cheveux et les peigner comme auparavant ; et comme auparavant, Dindonneau courut à elle pour se saisir des tresses ; mais soudain elle s'écria :

A moi, zéphirs, à moi, troupe légère !

Et incontinent, souffla une brise gaillarde et violente qui emporta le chapeau du gars, et le chapeau vola au loin dans les airs, emmi monts et vallées, lui courant après, jusqu'à ce qu'enfin le vent s'apaisât ; et quand revint le pauvre gars, la fiancée avait fini de se coiffer, et tout était en ordre. Alors, ils gardèrent ensemble les oies jusqu'à la chute du jour.

Le soir, après la rentrée en ville, Dindonneau alla trouver le vieux roi, et lui dit :

— Je ne saurais plus longtemps garder cette folleuse pour m'aider à paître les oies.

— Et pourquoi donc ?

— Parce qu'elle ne fait que me vexer tout le jour, et je ne pourrais cesser de la poursuivre à belles injures.

Alors le roi lui fait conter de point en point ce ce qui lui était arrivé, et Dindonneau dit :

— Quand nous passons, le matin, par la porte noire avec le troupeau d'oies, ne voilà-t-il pas qu'elle se prend à pleurer et cause avec une tête de cheval pendue au croc sous la voûte, et lui dit :

Falada! Falada! te voilà donc pendue!

Et la tête répond :

Princesse, à quel emploi te vois-je descendue!
Ah! si ta mère, enfant, ne l'ignorait,
Que tristement son cœur en gémirait!

Et Dindonneau, poursuivant, raconta au roi l'événement de la veille et du jour, et comme son chapeau avait volé par les airs, et comme il avait couru après, forcé d'abandonner la garde du troupeau. Mais le vieux roi lui commanda de n'en tenir compte et de sortir, le lendemain, comme à l'ordinaire. Et étant la pointe du jour, il se cacha derrière la porte obscure, et entendit ce que la jeune fille disait à Falada et ce que Falada répondait. Alors, il poursuivit jusqu'aux champs, se cacha derrière un buisson, et ne tarda point à voir de ses yeux comme d'abord ils menaient paître, et comme elle fit, par après, tomber sa chevelure ruisselant au soleil de reflets d'or, et distinctement il ouït ces mots :

> A moi, zéphirs, à moi, troupe légère !
> Çà, décoiffez bien vite Dindonneau !
> Soufflez, soufflez, emportez son chapeau !
> Qu'après il coure à travers la bruyère,
> A travers champs, à travers la rivière !
> Soufflez, soufflez, emportez son chapeau,
> Jusqu'à ce que l'or de ma chevelure
> Soit, bien natté, remis sous ma coiffure.

Et incontinent, souffla une brise gaillarde et violente qui fit voler dans les airs le chapeau du gars, lui courant après, quant et quant la jeune fille s'occupait tranquillement à peigner et natter ses cheveux,

Ayant ainsi tout vu, sans s'être laissé voir, le vieux roi revint au palais, et lorsqu'à nuit fermante, la fille de basse-cour fut rentrée, il la prit à part, et lui demanda ce que tout cela signifiait. Mais les pleurs tombèrent des yeux de la pauvrette comme l'eau tombe du torrent.

— Ah ! dit-elle, c'est chose que ma bouche doit taire, ou c'est fait de moi, et je n'ai plus qu'à voiler ma tête.

Mais tant pria, supplia le vieux roi (un

vieillard, consacré par ses cheveux blancs, est comme un prêtre), tant il pressa, sans laisser paix ni trêve à la tremblante jouvencelle, qu'il fallut bien, de guerre lasse, qu'elle confessât tout, sans omettre un mot. Et ce fut bonheur, car le roi la fit sur-le-champ revêtir des habits royaux, et il se mirait dans son propre ouvrage en lui voyant si bonne et noble grâce en ses nouveaux atours. Et il appela son fils, et lui dit :

— Celle-là que là-haut vous comblez de douceur, savez-vous ce que c'est ? Une effrontée suivante qui joue la fiancée royale et n'a de princesse qu'un diadème dérobé. La vraie fiancée, levez les yeux et voyez comme autrement elle est belle !

Et le jeune prince, qui souffrait en silence des vulgarités de sa fausse reine, fut tout ébahi de si bien gagner au change, et ne savait qu'admirer davantage en ce miracle de beauté, de résignation et de douceur.

Alors, sans rien dire, le roi fit préparer un grand festin pour toute sa maison et pour tous ceux qui avaient bouche à cour. A l'un des bouts s'assit le fiancé, ayant, d'un côté, la fausse princesse, et, de l'autre la véritable, couverte d'un voile. En vain, la présence de cette dernière attira-t-elle les regards, on la prit pour quelque mystérieuse bonne fée du voisinage invitée aux noces, et nul n'eut su reconnaître la grisette de basse-cour, à ce port de reine, à cette beauté recueillie et reposée d'une madone.

Quand la fête fut à sa fin, et que la gaieté eut jailli au bruit des verres, le vieux roi prit la parole et dit :

— Vous déplairait-il qu'une de nos damoiselles d'honneur nous vînt donner passe-temps ?

Et ayant fait incontinent quérir une damoiselle, il lui commanda de prendre son luth pour chanter dessus quelque légende un peu bien récréative, à l'intention des jeunes époux.

Celle-ci donc se place sur l'estrade du poëte, fait un prélude harmonieux, puis passant successivement des plus douces notes aux plus vibrantes et plus terribles, elle chante par le menu toute l'aventure au vrai de la belle princesse. Rien n'y manquait que les noms. Les chants finis, le vieux roi, s'adressant à l'hypocrite, lui demanda ce qu'on devrait faire à celle qui se fût rendue coupable d'un semblable excès.

Et la fausse fiancée, qui pensait par la promptitude mieux couvrir son agitation toujours croissante et détourner les soupçons de sa personne, s'écria sans hésiter :

— L'enfermer dans un tonneau garni à l'intérieur de couteaux acérés, et attelé de chevaux fougueux; la rouler par les carrefours de la ville, et livrer ensuite son corps aux mains du bourreau.

— Alors, s'écria le roi d'une voix tonnante, tu es celle par qui est venu un tel scandale; toi-même as de ta bouche prononcé ta sentence. Soit fait ainsi que tu l'as jugé !

Puis, se tournant vers la compagnie, il continua d'un air riant :

— La fiancée véritable, la voici !

Alors, grand coup de théâtre ! Et tous les assistants émerveillés applaudirent à grands cris à la princesse, qui découvrit son noble visage, étincelant de beauté et de joie. Et elle profita du premier moment d'entraînement et d'enthousiasme pour obtenir la grâce de la malheureuse condamnée.

Et, comme dans tous les contes, le jeune prince épousa la jeune princesse. Et leur image, dont on a des exemplaires au Cabinet des Estampes de la Bibliothèque impériale, fut affichée aux rues et places publiques, temples et théâtres, et la louange de leurs vertus fut portée jusqu'aux étoiles. Enfin, le vieux roi leur céda le trône, et leur alla préparer les siéges au Royaume Céleste pour y vivre perpétuellement, après leur mort sur la terre. Ainsi soit-il !

La Gardeuse d'oies. — *Die ganse magd* des frères Grimm, histoire de Zwehrn. Il y a dans le *Pentaméron* un conte qui offre beaucoup d'analogies avec celui-ci en quelques-uns de ses détails. La fiancée montée sur le vaisseau qui la conduit à son fiancé, est jetée à la mer, et la fausse se met à la place. Le roi prend celle-ci en dégoût, et dans sa colère, il envoie le frère de la vraie fiancée, qui était venu rejoindre sa sœur, garder ses oies. Mais l'honnête belle jeune fille avait été protégée dans sa chute par une fée ou naïade bienfaisante. Elle sort des eaux, s'en va rejoindre son frère et nourrit les oies royales de dessertes princières et d'eau de rose. Le roi, qui a l'éveil, fait le guet et voit la jeune princesse, secouant de ses cheveux des diamants et des perles. La fraude est découverte.

Cette histoire de la Gardeuse d'oies a tous les caractères d'une tradition primitive. Tacite, dans les *Mœurs des Germains*, parle de la divination de ces anciens peuples par les chevaux, et Saxon le Grammairien rapporte comment on décollait des chevaux pour les sacrifices. Prætorius mentionne le même usage comme étant pratiqué chez les Wendi. La *Quarterly Review* cite, à ce propos, une histoire espagnole où figure aussi un cheval sans tête, et elle rappelle un passage de Platon (*des Lois*, livre VI) qui fait allusion à une superstition semblable chez les Grecs.

La goutte de sang donnée par la mère à titre de talisman est chose commune dans les traditions du moyen âge. Rien également de moins rare, dans celles de la même époque et même de l'antiquité, que les cheveux d'or ou d'argent. Les Grecs et les Romains croyaient que chacun naissait avec un cheveu fatal sur la tête. A ce cheveu, qui était consacré à Proserpine, et était d'ordinaire blond ou doré, s'attachait la destinée humaine. On a des contes fondés sur cette superstition, que l'antiquité avait passée au moyen âge. Les frères Grimm ont retrouvé dans le Zwehrn, la Hesse et d'autres contrées de l'Allemagne, la tradition d'un diable dont trois cheveux d'or forment le nœud d'une action fort dramatique et compliquée.

Le *Pentaméron* dont nous venons de parler remonte, comme nous l'avons déjà dit, au dix-septième siècle. Les éditions primitives en sont assez rares. L'auteur de ce livre de contes en patois napolitain est un nommé Jean-Baptiste Basile, qui le mit au jour en 1637, sous le titre de *Lo Cunto de li Cunti, overo lo trattenimiento de Peccerille*, le Conte des Contes, pour l'amusement des petits enfants. Le livre reparut, en 1674, sous une autre forme, avec ce titre : *Il Pentamerone, overo lo cunto delli cunto, trattenimiento di G. Al. Abbatutis novamento restampato con tutte le zeremonie. Corriello, Napoli.*

LA FONTAINE

DE JOUVENCE

LA·FONTAINE·DE·JOUVENCE

~~~~~~~

Longtemps, longtemps avant votre naissance et la mienne, régnait, en une royale cité assise sur les rivages d'Afrique, un prince qui, ayant épousé une belle et gracieuse dame, bien apprise, de vie religieuse et sainte, et qui s'appelait Lucy, à cause de la lumière qu'elle avait reçue d'en haut, eut trois fils. Les petits seigneurs furent nourris en toutes sortes de bonnes honnêtetés et maximes excellentes par un philosophe des anciens jours qui était la sagesse vivante. Par malheur, en dépit de ces bons enseignements, les trois jeunes hommes n'étaient pas tous prudents et sages, et deux d'entre eux n'avaient pas plus de poids que fèves sèches. L'aîné, avec toute l'apparence d'un laid Sarrasin contrefait de figure et de taille, avait l'âme aussi noire que les traits, et il avait fallu souvent pardonner au second ses jeunes folies, ses fautes ignorantes et ingrats déportements. Tous deux montraient une telle violence de caractère, qu'ils faisaient le diable de Vauvert, tempêtant, menaçant d'une voix farouche ; et n'était si gentille dame et bon compagnon qu'ils n'eussent la dureté de malmener et piquer au vif. Adonnés à la gourmandise et gloutonnerie, velus comme des ours, ils n'avaient d'autre souci que les carnages de la chasse et les excès de la table ; et vivant dans les forêts, ils avaient pris l'air de ces lieux sombres et farouches, dont ils étaient plus connus que le dieu Pan parmi les Faunes ou le garde champêtre aux cabarets.

Le plus jeune était le plus âgé par le bon sens. Il étudiait la nature, était bien versé aux lettres et autres arts libéraux ; et ayant mis à part tous les plaisirs qui sont coutumiers de la jeunesse, il se faisait une compagnie de la solitude, et le plus souvent se retirait en quelque coin de bibliothèque et cultivait sa raison. Ce n'est pas qu'il n'eût en lui de mauvais penchants, comme toutes les créatures que le bon Dieu abandonne à leur conscience, pour avoir le droit de les punir si elles font mal ; mais il cherchait à dominer ses passions et désordonnés appétits, et tant qu'il fut sous les yeux de sa mère, il y réussit.

Elle mourut, un matin, entre sexte et none, et, en mourant, elle lui dit :

— Continuez à craindre Dieu ; soyez obéissant à votre père et à tous vos devoirs, et promettez-moi de ne prendre pour femme que celle-là qui pourra mettre l'anneau que voici.

Et elle lui remit un anneau qui venait de ses

ancêtres et était un talisman. Ce dit et fait, elle rendit son âme à Dieu, son créateur.

La simple amitié et bénévolence d'une femme est un bonheur et une joie; l'amiable dilection d'une mère est une bénédiction d'en haut, dit le poëte Saadi. Aussi le jeune prince eut-il le cœur déchiré, et il tomba la face en terre, les genoux courbés devant le crucifix ; et tout baigné de pleurs, il s'écria :

— Vous qui m'aimiez, soyez mon ange proecteur, et du ciel veillez sur moi !

Et son bonhomme de père, qui l'aimait aussi d'une tendresse extrême, car c'était l'enfant de sa vieillesse, mêla avec lui ses larmes et ses prières, et de ce moment il languit et s'en allait mourir. Pour les deux aînés, ils étaient jaloux de leur frère et ne pouvaient dissiper l'épais nuage de leur lourd et grossier entendement ni adoucir l'aigreur de leurs cœurs endurcis, malgré la gentillesse et humanité du jouvenceau.

Et cependant le père gisait dans son lit, et le palais était tout plein de cris pitoyables et lamentations. Mais délibéra le jeune prince :

— A quoi bon se remplir la poitrine de douloureux et inutiles soupirs, et se borner à lever les yeux vers le ciel en disant : Hélas! M'est avis qu'il y aurait sagesse à consulter la vieille hermite, qui a si bien connu les choses de la vie et pourrait être de bon conseil.

Cette femme avait nom Sara-Marie. Elle était vieille comme le temps, connaissait les simples et les secrets de nature, lisait dans les cœurs et habitait, silencieuse et recueillie, dans une cellule, au bout du parc. Il la visita, la suppliant avec grâce et gentillesse, aussi humblement qu'il pouvait, de l'avoir pour recommandé en cette tant extrême nécessité.

— Je connais un remède, répondit l'ancienne à cheveux blancs; c'est l'*Eau de la Fontaine de Jouvence;* mais l'acquérir n'est pas chose de peu de peine ni d'aisée exécution. Il faut s'armer de vertu et d'assurée constance, savoir ne s'alarmer en aucune sorte de ce qu'on pourra voir ou entendre, braver le fer, l'eau et le feu, et se mettre au-dessus de toutes les passions humaines.

Tête basse, il alla rendre compte de cette

réponse à ses frères, et l'aîné, orgueilleux jeune homme, s'écria :

— Je l'aurai bientôt conquise, cette merveille.

Lors, il s'approcha du lit de son père et lui demanda congé d'aller à la recherche de l'Eau de Jouvence, puisque c'était le seul élixir qui le pût sauver.

— Non, dit le roi, plutôt mourir que de vous exposer aux dangers qu'il vous faudrait courir.

Mais tant pria, supplia le rude Sarrasin, que le père le laissa enfin libre de courir cette aventure. Et le fils se disait, la bouche fermée :

— Si j'apporte à mon père le breuvage, je deviendrai l'enfant de sa prédilection, et il passera sur ma tête ses grands biens et sa couronne.

Il partit donc, et chevaucha plusieurs jours, quand à la fin il se trouva dans une vallée profonde semée de rochers et de bois. Et comme il jetait ses regards autour de lui pour s'orienter, apparut, sur le haut de l'une des roches, un petit nain qui l'appela et lui dit :

— Où courez-vous donc si vite, sire chevalier? Seriez-vous point égaré ?

— Qu'est-ce que cela te fait, basset à jambes

torses? répondit le Sarrasin d'un air de mépris, et il poussa son cheval.

Mais le nain, piqué du propos, jeta sur lui un sort; si est-ce qu'à mesure qu'il avançait, la vallée s'en allait de plus en plus se rétrécissant, et à la fin le passage devint si étroit, si fort étranglé, qu'il fut impossible au cavalier de faire un pas plus loin. Et quand il avisa de tourner bride et rebrousser chemin, impossible; voilà que la route se rétrécissait de nouveau sur lui et que la vallée s'élevait tout autour en collines, et que les collines montaient, montaient comme des murailles de place forte et l'emmuraient de toutes parts. En vain chercha-t-il, descendant de cheval, à se frayer passage à pied; il était pris dans une ratière entre quatre remparts de rochers droits et coupés.

Cependant le malheureux père languissait aux abois dans l'attente de son retour, tant et tant que le second fils lui dit :

— Père, j'ai envie d'aller à mon tour à la recherche de l'Eau de Jouvence.

Car, se disait-il en lui-même, aussi méchant

que le premier, sûrement mon frère aura-t-il péri à la peine, et les grands biens seront pour moi avec la couronne.

Longtemps le père lutta pour le laisser aller. A la fin il céda, tout en gémissant. Le jeune homme partit donc, prit le même chemin que son frère, fit pareillement la rencontre du nain, et celui-ci, du haut de son observatoire de granit, lui fit la même question :

— Sire chevalier, où courez-vous si vite? Cherchez-vous votre route?

— Mêle-toi de tes affaires, officieux brouillon, répondit le présomptueux, et piquant des deux, il poursuivit sa course.

Mais quand il arriva au défilé fatal, la malplaisance du chemin devint de plus en plus sensible. Bref, le même enchantement l'emmura bien et beau.

Après que le second fils fut demeuré un mois de la sorte, ce fut le tour du plus jeune de demander à partir.

— Et toi aussi, disait le père, se levant d'un vif mouvement en de grandes angoisses! Ainsi Dieu m'avait donné des enfants, il me les ôte.

Que sa volonté soit bénie! Or donc, allez, mon fils bien-aimé, poursuivit-il, tirant un grand soupir du profond de sa poitrine; mais auparavant, approchez, que je vous bénisse, et si vous gardez votre vieux père en votre cœur, ne tardez de revenir.

Alors ils s'embrassèrent, les joues trempées de larmes.

Et le jeune homme prit aussi congé de son vénérable précepteur, lui recommanda son père, et le laissa tant éploré que la bouche ne lui put ouvrir pour lui dire adieu. Il visita aussi la bonne Sara-Marie, et prit ses conseils pour la grande entreprise où il s'engageait.

Bientôt il arriva dans la vallée des miracles. Le nain vint au-devant de lui, et, comme aux deux premiers, il demanda ce qu'il cherchait en si grande hâte. Et le jeune homme ne comprenait pas, tant le nain avait la bouche empêchée d'une forêt de barbe. Il s'approcha, tira de sa trousse une paire de ciseaux, et lui dégagea proprement la moustache, ce dont le bonhomme fut joyeux, et il répéta sa question, et le cavalier répondit:

— Maître, je suis en quête de la Fontaine de Jouvence. Me la sauriez-vous point enseigner? Car je la vais cherchant jour et nuit, par monts et par vaux, par forêts, étangs et rivières, et n'en puis avoir aucunes nouvelles, et cependant je pousse à grande erre, car mon père est au hasard d'une langoureuse mort.

— Eh bien! puisque vous avez le procédé si bon, le propos si doux, le ton si modeste, je vous aiderai de grand cœur. Allez donc plus outre, allez toujours; la source que vous cherchez est dans un château enchanté, bien au delà de l'isthme de Lesseps, sur les bords de la mer Rouge. Afin que vous y puissiez entrer en sûreté, voici une baguette de fer magique et deux petits pains. Avec l'une, frappez trois coups, puis deux, à la porte de bronze du château : elle s'ouvrira. Alors bondiront les gardiens, deux lions puissants, qui se battront les flancs de leur queue, ouvriront leurs griffes et lanceront le feu par les regards : jetez un pain à chacun d'eux, ils vous laisseront passer. Courez alors à la source sacrée, emplissez votre fiole, mais hâtez-vous avant que l'horloge ne sonne midi ; une seconde de plus, c'en est fait, la porte se refermera sur vous pour l'éternité.

Le jouvencel remercia le nain de la voix et du geste pour ses bons avis, prit la baguette et les pains, et chevaucha par maints détours jusqu'à ce qu'enfin il arrivât au terme de son voyage, et trouvât toute chose comme l'avait prédit le nain.

La porte s'ouvrit d'elle-même à la baguette, et les féroces gardiens apaisés, il entra dans le château. A ce moment, la grande horloge sonna six heures du matin.

D'abord, se présenta une première cour, puis une cour d'honneur où apparaissaient cinquante chevaux enchantés, tout rangés en front de bataille comme autant de beaux marbres sortis du ciseau de Phidias. Plus loin, une salle des gardes, où même nombre de chevaliers, frappés d'un pouvoir magique, siégeaient immobiles sur des fauteuils d'ébène sculpté. S'approchant de ces statues, il leur prit leurs anneaux d'or et les mit à ses doigts, sans trop savoir ce qu'il en ferait.

Dans une autre pièce, il trouva une grande

épée et un pain, qu'il prit de même comme en cas. Enfin, de chambre en chambre, il finit par arriver à un salon secret où reposait, étendue sur l'or et la soie, une jeune belle fille pleine de grâce non pareille, ayant une étoile d'or sur le front. Pendant qu'elle dormait, il écouta un instant la douceur de sa respiration, admira la richesse de sa taille, les ondes de sa chevelure blond cendré, la beauté vermeille de son vertueux visage; et comme elle avait un bras étendu et la main pendante, il lui essaya l'anneau de sa mère, et l'anneau s'adaptait à ravir. Ce fait, respectueusement il s'éloigna.

A ce geste, la belle jeune femme s'éveilla, et tous deux furent émus de pudeur, et, timidement, le jeune prince fit à la princesse (car c'en était une) la révérence due à sa grandeur et beauté. Sensible peut-être à l'effet produit par ses charmes, ou bien touchée du grand cœur et courage du jeune homme, elle devina incontinent qu'il n'était de peu d'étoffe, mais au contraire de haut lignage. Alors, elle se leva pour lui faire honneur, lui alla au-devant d'un air plein de grâce; et comme l'enchantement qui la retenait captive la contraignait aussi à avouer sans détour tous les mouvements de son cœur, elle porta les yeux sur l'anneau, et rougissant avec modestie, elle dit au prince :

— Le royaume dont je suis héritière est à vous si, dans un an, vous venez me quérir et m'épouser. Les chevaliers qui sommeillent en la salle d'armes s'éveilleront quand vous leur remettrez leurs anneaux, et seront les archers de votre garde.

Le jeune homme répond :

— L'angélique beauté qui reluit sur votre visage, jointe à cette douce et bénigne courtoisie dont il vous plaît user envers moi, m'a si fort étreint à votre service, que rien au monde ne saurait détacher le lien qui m'y attache.

— Hâtez-vous donc, répliqua-t-elle, et puissiez-vous triompher des épreuves qui vous attendent! Hâtez-vous, le temps presse, l'horloge est inexorable. La Fontaine de Jouvence coule au fond du parc : hâtez-vous, et soyez hors de la grande porte avant le coup de midi.

Et après avoir salué respectueusement celle qu'il tenait dans les secrètes fibres de son cœur, vitement il partit. Mais comme il s'avançait au milieu des jardins, il avisa un délicieux couvert, tranquille bocage où un banc de gazon invitait à s'asseoir. Il se sentait fatigué de son long voyage, et puis les molles haleines de Zéphire et les douces influences du ciel, mélangeant les moiteurs des rosées avec les chaleurs du soleil de mars, faisaient couler dans ses veines je ne sais quel vague désir de repos.

— Asseyons-nous rien qu'un moment, se dit-il, un seul, pour penser au bonheur de sauver mon père et de posséder celle qui a reçu l'anneau.

Et il se prit à jouir du beau spectacle de ces lieux, et se laissa doucement aller à considérer comme la nature, cette céleste bouquetière, s'en va incessamment enfilant des chapelets de fleurs en cent mille façons merveilleuses pour en broder la robe du printemps. Et il arrachait des branchettes de lys, au calice doré, fleuris à la mi-cueillette des roses ; et il y joignait la princesse et perle des fleurs, la rose blanche, la rose musquée de Damas. A côté de cette vierge habillée d'innocence, il mettait des roses rosées et des roses écarlates tout embaumées d'ambre et de senteurs à mille vertus cachées. Puis, il cueillait encore l'œillet, qui débat la préséance avec les fleurs les plus belles en beauté, variété et suaves odeurs. A cette guirlande, il mêlait aussi des violettes, ce premier présent que nous fait le soleil pour payer sa bienvenue printanière; et de tout cela il tressait un bouquet pour le dédier à ce lutin de Cupidon et l'offrir, au retour, à la jeune princesse.

Mais en s'amusant à choisir ainsi les plus fines fleurs, il ne s'apercevait pas que les senteurs embaumées avaient perfidement pénétré ses sens. Et il se prit à rêver, et quand ses yeux appesantis se tournaient devers les jardins, les lauriers verdoyants étaient des hallebardiers en sentinelle; les rosiers, des mousquetaires rouges; les buissons de jasmins, des animaux fantastiques habillés de pelages verdâtres. La primevère, la pervenche, le thym semblaient des insectes magiques rampant à ses pieds; et les grands arbres, des géants étendant leurs bras. Le vent qui soufflait dans la ramée était, à coup sûr, un méchant petit satyre se moquant en jouant du chalumeau ; le bruit monotone de l'eau roulant dans les fleurettes emperlées, et tout le monde des petits oiseaux chargés de chanter matines et complies en faux bourdon dans le bocage, étaient le chœur des neuf Muses saluant à son entreprise. Enfin, une autre divinité, ne sais laquelle, souriante, engageante, blanche et rose, lui disait des mots secrets à l'oreille. Et comme enivré, il retombe en lui-même et succombe.

Tout à coup un essaim folâtre de jeunes hommes et de jeunes filles, emporté comme la feuille par la gaieté de son âge, inonde le jardin, enlève le jeune prince de son siége et l'entraîne dans une ronde magique. Il tourne, il tourne à en être ébloui. Puis on se livre à tous les jeux honnêtes de la jeunessse : on lutte à la course, on apprend l'escrime ou le tir, grand art d'être poltron et homicide avec honneur ; on enfourche des coursiers généreux et légers comme le vent, qui bondissent jusqu'au bout du monde ; on traverse les fleuves à la nage, on saute du haut des montagnes dans les vallées, on arrache les étoiles au firmament, on s'accroche en façon de récréation au croissant de la Lune.

Et les caprices de la mode viennent jeter le délire dans toutes les têtes. On a successivement des chaussures courtes et des chaussures longues de trois pieds ; la coiffure à cheveux flottants et la tête rase à queue chinoise ; le manteau Charlemagne, et la veste de Hongrie. On se plonge dans l'alchimie, on s'envole dans l'astrologie ; on devient imbécile devant des baquets électriques et des tables tournantes.

Et puis voilà que les jeunes gens et les jeunes filles veulent s'épouser et qu'on se dispute âprement sur le choix des épouses. On conteste avec fureur. Le prince, par honneur, défend son choix : il blesse, il est blessé ; et, baigné dans son sang, il est livré aux chirurgiens qui longuement pansent ses plaies avec du baume du Pérou. On l'emporte à la ville pour consulter les maîtres de l'art. L'un veut qu'il soit amputé ; l'autre dit qu'il est mort ; un autre qu'il vivra. Celui-ci déclare qu'il sera borgne de l'œil droit. Un autre écrit un livre pour prouver que ce sera de l'œil gauche. Il ne fait rien et revient à la vie et à la santé, plus beau que jamais, et il allume ses cigares avec le livre du médecin Tant-pis.

Alors les plaisirs du théâtre l'entraînent. Les courses de chevaux le séduisent : il fait courir. Il joue à tous les jeux de hasard ; et de nouveau livré à tous les vents de la colère, il croise encore le fer contre un fer rival et coupe en deux son adversaire qu'on a beaucoup de peine à raccommoder.

Et voilà que le trône devient vacant. Le prince est reconnu. On le porte sur le pavois d'un bouclier et il est couronné au milieu de toutes les pompes royales, au milieu de toutes les joies éclatantes des peuples. Et l'ambition guerrière le saisit. Il tire l'épée, attaque les nations voisines, jette à la voirie et à la gueule des loups affamés des montagnes d'ennemis, se charge de leurs dépouilles, et fait une entrée triomphale dans sa capitale qui devient celle du monde. Mais vingt nations se soulèvent contre lui. Il fait sonner la bataille. Hommes, femmes, enfants deviennent autant de soldats. Nouvelle boucherie, nouveau triomphe. Nouvelles dépouilles opimes qui enrichissent la nation, et tous les impôts sont supprimés.

Au retour, dans ses palais, il est chanté en dithyrambes et poëmes épiques, sculpté en marbre, en granit, en bronze, en ivoire, en argent et en or. Il est divinisé, en attendant qu'on le transforme en constellation, ou bien qu'on le déterre pour le jeter à la fosse commune comme nos anciens rois.

Mais il s'abandonne aux plaisirs sous prétexte de faire fleurir les arts de la paix. Il recherche ces flatteurs qui savent faire goûter finement le fumet des bons vins et celui des bons mots. La table se charge des mets les plus savoureux, les plus délicats. Il se nourrit, comme l'empereur de la Chine, d'ailerons de requins, de nids d'hirondelles et d'héloturies. Son chef de cuisine devient son premier chambellan, et il s'entoure de ces enluminés, de chère joyeuse, qui ressemblent à de droits Roger-Bontemps. Il a pour favori un de ces Bacchus d'enseigne frais comme un œillet, qui dorment toujours à vêpres et au sermon, sont au lit à matines, et dont les joues rebondies passent le nez. Lui-même, à la honte du trône, devient plus gras que n'est le lard ; il ouvre un concours national à qui pèsera le plus de milliers, et il a le prix sans faux poids.

Soudain il est saisi de tous les maux que le ciel inventa dans sa colère et qui sont sur notre globe un enfer anticipé. Les obstructions l'étouffent. Les syncopes l'anéantissent. La goutte le chérit et l'aime, lui entre des ongles aigus dans les membres, et rongeant les nœuds de ses doigts inégaux, l'empêche de porter désormais à sa bouche les ailerons de requin et de lever un verre pour juger de la riante couleur des vins. Et dans ces angoisses et tortures il s'écrie, il se tord, il se maudit en son cœur : il jurerait même, le malheureux ! s'il n'était empêché par l'abondance des sanglots qu'il soupire, accompagnés d'un long ruisseau de larmes qui lui tombe des yeux.

Et pour surcroit de douleur et de honte, son vieux et honnête précepteur, qui court depuis longtemps à sa recherche, lui apparaît comme un remords et lui reproche cette vie d'emportement :

— Que croyez-vous, prince ingrat et cruel, lui disait-il, la voix pleine de larmes, que soit devenu votre père, depuis les années que vous l'oubliez? Oui, les années : cinq ans consacrés aux modes et frivolités de la jeunesse; cinq aux débauches; dix d'ambition : dix de fine gourmandise, de gloutonnerie et de paresse. Voilà déjà trente années. Depuis cinq autres, l'expiation des douleurs commence, et une vieillesse anticipée, assise sur vos épaules, arrache vos dents et vos cheveux. Paraissez donc en cet état devant celle qui a reçu l'anneau! Les hommes ne meurent-ils pas bien d'eux-mêmes, sans qu'ils se suicident lâchement par leurs passions? Et n'auraient-ils pas une plus glorieuse guerre, celle de conquérir le Royaume du Ciel?

Et à ce moment, la terrible horloge sonne d'un bruit épouvantable midi moins un quart. Malheureux! et tu dors! Arraché en sursaut à son rêve, le prince s'éveille tout pantelant et couvert d'une sueur froide. Il se touche, il interroge tous ses sens, il s'assure si l'affreuse métamorphose qu'il vient de subir est la réalité ou une illusion. Et d'un bond il s'élance au bout du parc, remplit sa fiole de l'eau de Jouvence dont il répand la moitié, et, rapide comme la flèche lancée, il franchit parc, jardins, salons, appartements, cours, pouvant à peine saluer du geste et d'un battement de son cœur sa belle fiancée qui frémit d'épouvante et qui de fraîche et belle comme un bouton du matin, est devenue pâle comme une fille de la mort. Midi sonne avec fracas alors que l'imprudent met le pied hors de la porte de bronze, et l'huis se referme avec une telle violence qu'il le prend et le cloue par son éperon et par son manteau. Mon Dieu! mon Dieu! mon Dieu!

Quand il se vit dehors et quitte à si bon marché, il ne se sentait pas de joie d'avoir en main l'eau miraculeuse. — O mon père! disait-il, les yeux levés au ciel. O ma fiancée!

Tremblant encore, il reprit son cheval qui paisiblement paissait à la porte, et plus loin sur la route il retrouva son ami le nain, qui voyant le pain et l'épée lui dit :

— Gentil prince, voilà de nobles dépouilles! L'épée taille d'un seul coup en pièces une armée entière, et le pain ne vous faudra jamais, car il se multiplie et nourrirait tout un peuple.

Et il lui dit les mots magiques qu'il fallait prononcer pour ouvrir la fiole de Jouvence.

— Mais, pensa le bon jeune homme : Je ne saurais rentrer au logis sans mes frères. Alors il pria son ami :

— Cher nain, vous qui êtes de si bon cœur et de si bon conseil, ne sauriez-vous me dire où sont mes deux frères partis avant moi à la recherche de la Fontaine de Jouvence et qui jamais ne sont revenus?

— Je les ai frappés d'un charme, répond le nain, pour les punir de leur orgueil qui s'était ri de mes conseils.

A force de prières et de gentilles instances, le jeune prince fléchit le nain ; mais celui-ci ajouta :

— Jeune homme, prenez garde si je les délivre, car ce sont des méchants qui méditeront votre perte.

Mais lui qui difficilement croyait au mal, comme tous les gens bien nés qui ont peu vécu, ne se tenait pas d'aise de les revoir, et, dès qu'ils parurent il leur sauta au cou et leur raconta

avec simplesse et douceur ce qui lui était arrivé :
comme quoi il avait trouvé l'Eau de Jouvence et
en rapportait une fiole pleine, comme quoi il
avait rompu le charme qui retenait captive une
jeune princesse pleine de sainteté, bonne vie
et beauté ; comment enfin elle s'était engagée
à l'attendre un an encore, après quoi elle lui
donnerait sa main avec son royaume. Alors,
tous trois remontèrent à cheval et chevauchè-
rent jusqu'à un pays désolé par la famine et
par l'injuste agression de dix peuples voisins.
Mais le jeune prince prêta au roi son pain céleste, et tout le peuple s'en nourrit en bénissant
le Seigneur. Lors tirant son épée miraculeuse,
il tailla en pièces l'armée ennemie, d'un coup
punissant l'injustice, et il repartit avec ses frères, laissant le royaume dans la paix et dans l'a-
bondance. Semblablement encore il sauva, sur
son passage, deux autres pays de ce double
fléau.

Arrivés au bord de la mer, ils frétèrent un léger bâtiment. Et durant le voyage, les deux aînés tinrent secrètement conseil et se dirent : —
Notre frère a découvert la Fontaine de Jouvence

que nous n'avons su trouver. Notre père va nous éconduire et lui donner sa couronne qui de droit nous revient.

Ainsi le cœur dévoré d'envie et de la soif de la vengeance, ils concertèrent le moyen d'assurer sa perte. Ils attendirent qu'il fût profondément endormi, remplirent de l'eau saumâtre de la mer une fiole pareille à celle de l'Eau de Jouvence et la mirent à la place.

Quand enfin ils furent au terme de leur voyage, le plus jeune fils s'empressa au chevet de son père et lui fit boire ce que contenait sa bouteille. Mais avait à peine le vieillard goûté l'eau salée qu'il se trouva plus mal qu'auparavant, et les fils d'approcher d'un air hypocrite, de blâmer leur frère de ce qu'il avait fait, disant que sans doute avait-il voulu empoisonner monseigneur leur père. — Inutile tentative, car voyez, ajoutaient-ils, voici la vraie fiole de l'Eau de Jouvence que nous avons découverte, et notre père et seigneur est sauvé !

Mais en vain essayèrent-ils d'ouvrir le flacon, se le passant et repassant de l'un à l'autre, enflambés de colère et muets de confusion. Alors, toujours doux et modeste, le jeune prince, les ménageant encore, malgré leur insigne méchanceté, prit tranquillement la fiole de leur main, prononça les mots magiques, et leur remit l'Eau miraculeuse. Le roi n'avait pas plus tôt avalé la première goutte de la bienfaisante liqueur que ses membres alanguis et douloureux reprenaient leur calme, je ne sais quel bien-être lui coulait subitement dans les veines, et la jeunesse en sa force brillait sur son front que de nouveaux cheveux noirs venaient ombrager.

Et les deux aînés, voyant que leur père n'avait pu, à cause de sa souffrance, deviner la vérité, allèrent trouver leur frère, et l'apostrophant d'un air narquois, ils lui dirent :

— Vous avez trouvé la Fontaine de Jouvence ; vous avez eu la peine, nous aurons la récompense et la gloire. Aussi, comment homme si habile n'a-t-il pas l'esprit d'avoir à propos un œil ouvert ? Sachez, de plus, cher sire, que l'an prochain, l'un de vos aînés ira enlever la promise. Ce nonobstant, gardez de sonner mot de tout cela à notre père qui ne croit pas en vous ; et si vous osez lui faire des histoires à notre endroit, tremblez, votre vie est dans nos mains. Tandis que si vous restez coi et tranquille, nous ne vous inquiéterons pas.

Et les malheureux, trouvant la succession au trône trop longue à attendre, maudissaient l'Eau de Jouvence, méditant de mauvais desseins, se forgeant un Eldorado révolutionnaire, se taillant en imagination des principautés, car quelle ambition n'est à l'étroit dans son sort héréditaire? Ainsi s'écroulent les empires, ainsi les trônes sont broyés; et les dynasties, précipitées par les mains qui devraient les soutenir, sont balayées à travers l'histoire comme le sable du désert.

Mais Dieu en avait autrement ordonné, et le crime devait courir lui-même au-devant de la punition, après avoir multiplié ses méfaits.

Cependant le vieux roi était profondément irrité contre son jeune fils, et il était persuadé qu'il avait eu en réalité l'intention de lui ôter la vie. Aussi assembla-t-il son conseil pour le consulter sur ce qu'il avait à faire; et comme les courtisans voyaient que le monarque n'était point disposé à faire grâce, ils opinèrent pour la mort.

Le jeune prince ignorait ce qui se passait, lorsqu'un jour étant à la chasse avec le capitaine des gardes, il vit sur le front du capitaine siéger un sombre chagrin.

— Qu'avez-vous, ami, lui demanda-t-il?

— Répond l'autre : Comment saurai-je jamais vous le dire?

Mais enfin tant pria le prince, de si bonne et gentille grâce, que le capitaine avoua que le roi l'avait chargé de mettre son fils à mort.

— Mais, ajouta-t-il, je délibère comment m'y prendre pour vous laisser la vie.

Alors le jeune prince levant les yeux au ciel avec un profond soupir, reprit :

— Changeons d'habits, trempez les miens dans le sang d'un agneau et portez-les à mon malheureux père, afin qu'il croie à ma mort.

Et les choses furent ainsi exécutées. Et voilà, peu de temps après, que trois grandes ambassades arrivèrent en grande pompe à la cour du roi, chargées de riches présents en pierres précieuses et en sequins d'or envoyés au jeune prince par les monarques qu'il avait sauvés avec son épée et son pain. Le roi fut touché jusqu'au plus profond de son cœur, et il dit au capitaine de ses gardes :

— Ah ! si mon fils existait encore !

Et le capitaine lui avoua ce qui s'était passé et comment les larmes pouvaient se changer en joie. Et le roi fit crier cette nouvelle par tout le royaume à son de trompe, afin qu'elle arrivât aux oreilles de son fils, et qu'il revînt, assuré que les bras de son père et seigneur lui étaient ouverts.

Mais le fils avait traversé terres, mers, et royaumes par delà, et il attendait le moment où luirait la journée de son bonheur avec celle de la délivrance de la belle princesse. Et la princesse attendait avec non moins d'impatience l'heure où les destins lui permettraient de couronner ses généreuses espérances. Et les lions battaient leurs flancs avec une émotion inconnue. Cependant, pour mieux guider les pas du prince, elle jeta au loin, à partir de la porte, un chemin d'or pur, et elle dit aux gardiens à la crinière de feu :

— Celui-là qui courra tout droit sur le chemin d'or sera le vrai fiancé. Quiconque ira sur les côtés sera le faux.

L'aîné des frères n'eut pas la patience d'attendre que l'année fut révolue pour s'élancer sur son meilleur coursier à la conquête de la belle fiancée. Il partit, la veille, à la première heure du jour. Arrivé au chemin d'or, il s'écria :

— Ce serait pitié de gâter un si magnifique chemin : il y a meilleur parti à en tirer ; et il prit sa course par le côté !

Quand il parvint aux portes, les lions saillirent avec un rugissement terrible et le dévorèrent.

Pareillement le second frère partit à la seconde heure du jour, et vola comme l'éclair vers le château. Mais quand ce vint au chemin d'or, il fit la même réflexion que son aîné, prit la route de côté et eut le même sort.

Enfin, enfin, le grand jour sonna, et le blond Phœbus ceignit ses plus beaux et doux rayons pour fêter la rencontre des fiancés. Alors le troisième fils quitta l'asile où il s'abritait contre la colère de son père, et se jeta à bride abattue sur le fidèle coursier qui avait partagé son exil. Trop occupé de son amour pour s'apercevoir du chemin d'or, il laissa son cheval courir au milieu de la route, et toujours suivant le chemin enchanté, il arriva aux portes du palais. Alors les lions bondirent et vinrent lécher amoureusement ses pieds, et la belle jeune dame l'invita à prendre un peu de repos et lui servit un goûter arrosé de l'Eau miraculeuse. Et ayant appuyé son visage vermeil sur sa tendre et délicate main, elle se posa contre le sopha, et prenant la parole, elle lui fit connaître ce qui s'était passé à la cour de son père depuis qu'il l'avait quittée; et ordonnant à sa suite de se préparer, elle aida le jeune prince à remettre les anneaux aux chevaliers, et toute la troupe, montée sur des palefrois richement caparaçonnés, arriva en bel ordre dans les États du roi rajeuni. Et le roi envoya une escorte d'honneur pour convoyer la princesse qui, arrivant au palais avec ses dames suivantes, apparut comme le clair soleil entre les petites étoiles. Et le roi l'embrassa, et serra son fils contre son cœur, et tout le château fut plein de larmes de bonheur et de joie.

Et le jeune prince pleurait en embrassant son vieux précepteur, et lui versait une coupe pleine de l'Eau de Jouvence. Mais le sage, se levant avec gravité, la répandit sur la terre, disant :

— N'allons point à l'encontre des décrets de la Providence. La vraie Fontaine de Jouvence est la tempérance et la vertu. La vraie vie est celle qu'on trouve dans le sein de Dieu.

La Fontaine de Jouvence. — Le rêve du rajeunissement et de la longévité a été, dans tous les temps et chez tous les peuples, une des plus vives préoccupations humaines, et la *Fontaine de Jouvence*, dont la fiction a été mise en honneur par nos vieux romans de chevalerie, particulièrement ceux d'*Ogier le Danois* et de *Huon de Bordeaux*, est devenue l'une de nos chimères favorites entre tant de chimères. Ce dernier roman fait jaillir la fontaine dans un désert, et venir du Nil et du paradis terrestre la source miraculeuse. En cherchant bien, on retrouverait les traces de cette merveille dans la grave antiquité. Le bonhomme Pausanias, l'antique voyageur en Grèce, parle en effet d'une source de Nauplie appelée *Canathos*, où Junon avait accoutumé de se baigner

— N'allons point à l'encontre des décrets de la Providence. La vraie Fontaine de Jouvence est la tempérance et la vertu. La vraie vie est celle que l'on trouve dans le sein de Dieu.

pour refleurir d'une jeunesse toujours nouvelle aux yeux de l'inconstant Jupiter. Le nectar divin que versaient à pleines coupes la jeune Hébé et le petit Ganymède ne suffisait pas à la jalouse coquetterie de la déesse. Le Dictionnaire de la fable, qui en dit long sur les fredaines de l'Olympe, ajoute que Jouvence était une nymphe aimée de Jupiter qui la métamorphosa en fontaine et donna à ses eaux la vertu de rajeunir. Un mauvais bruit de plus ou de moins sur le compte du bon Jupiter est de peu de conséquence.

La *Fontaine de Jouvence* joue grand rôle dans les légendes orientales et dans les légendes classiques du moyen âge. La *Guerre de Troye*, écrite au treizième siècle par Conrad de Wurtzbourg, nous représente Médée tirant du paradis l'Eau de Jouvence pour en rajeunir le père de Jason qui ne valait guère tant de soins. Des écrivains plus modernes rapportent avec conviction que l'Eau se cachait en quelque coin de l'Asie où Alexandre le Grand, qui en avait ouï parler, l'eût infailliblement découverte, s'il avait pris un peu plus de peine à la chercher. Mais on ne songe pas à tout.

Au quinzième siècle, on crut fermement être enfin arrivé à l'heure de jouir des ineffables bienfaits de cette Eau de promission toujours fuyante, et l'on s'attendit à la voir figurer au nombre des trésors versés par le nouveau monde à son ancien. Colomb, distrait, l'avait oubliée; mais c'est en la cherchant qu'un Espagnol découvrit la Floride.

Apparemment pour toucher par un peu de modestie et de réserve les inexorables destins, quelques-uns s'en tinrent à attribuer à l'Eau de Jouvence la vertu de rajeunir, mais sans réparer les outrages extérieurs du temps, sans effacer les rides du visage, relever la colonne vertébrale affaissée, rendre aux cheveux leur primitive couleur. Alors nombre de femmes et même nombre d'hommes n'en voulurent plus entendre parler, n'étant pas la peine de rajeunir *incognito*. Vous verrez qu'après une pareille maladresse, la Fontaine de Jouvence sera désormais reléguée au domaine des poëtes, des romanciers et des peintres, qui ne doutent de rien.

Il y a, au musée de Berlin, un tableau qui console un peu, en attendant mieux : c'est la Fontaine de Jouvence telle qu'on la peut rêver. Une vasque immense en marbre de Paros contient l'Eau miraculeuse. Des femmes de parchemin ridé, à l'œil éraillé, au genou tremblant, accourent à toutes brides dans des haridelles de chars traînés par des haridelles de chevaux expirants de fatigue. Sans attendre que les chars soient au repos, les vieilles s'élancent au dehors, et vites comme l'éclair, déchirent leurs vêtements et se jettent à l'eau. C'est laid à faire peur. Après la première coupe, les rides sont adoucies. Une brassée ou deux encore, la jeunesse refleurit, le teint s'anime, les roses renaissent. Au milieu du bassin, ce sont des nymphes; à l'autre extrémité, ce sont des Vénus en fleurs que des godelureaux empanachés conduisent sous des tentes où la toilette et la bonne chère les attendent. L'une d'elles est si heureuse de sa renaissance qu'elle danse comme une folle sur la margelle de la fontaine.

> Grand dommage est que ceci soit sornettes ;
> Filles connais qui ne sont pas jeunettes
> A qui cette Eau de Jouvence viendrait
>   Bien à propos,

dit le rondeau malin de maître Jean.

Notre Conte : « L'eau de Vie, *Das Wasser des Lebens,* » des frères Grimm, est encore un de ces contes pris dans le fonds commun des traditions de l'Allemagne, de la Bourgogne et de la France. On le retrouve, avec de nombreuses variantes, aux environs de Dijon et de Besançon, dans la Hesse, à Paderborn et en d'autres contrées germaniques. Il rappelle un des contes des *Mille et une Nuits*, et le troisième de la quatrième nuit de Straparole de Caravage. Encore celui-ci pourrait-il bien l'avoir emprunté à quelque autre conteur, ce dont il ne se faisait faute, suivant l'usage de son temps, témoin la reine de Navarre qui prenait partout. Si l'insipide Morlino a généralement inventé ses sujets, c'est un fumier dont il est heureux que d'autres conteurs mieux avisés aient dégagé quelques données. Mais les traditions orales, celles qui sont de tout le monde sans être de personne, et qui subissent des altérations et des transformations plus ou moins heureuses, suivant la nature d'esprit des conteurs de veillées populaires, ont une allure spéciale dont notre conte participe essentiellement. L'intervention d'un nain, l'enchantement d'une princesse, le château gardé par des lions, la baguette, l'épée miraculeuse sont autant de données banales semées à travers les légendes de tous les pays. Mais le sommeil du prince dans le palais magique est plus particulièrement de tradition bourguignonne. Lémontey, l'excellent littérateur à l'afféterie près, en a profité pour son conte allégorique intitulé : *Quelle journée! ou les Sept Femmes*, et il a montré, par cette spirituelle allégorie si pleine d'allusions délicates et de plaisanterie fine, tout le parti qu'un esprit philosophique peut tirer de la plus fugitive tradition.

Un écolier qui vient d'achever ses exercices, jeune homme plein, comme tant d'autres, de bonnes intentions et de faiblesses, et dont l'âme est disposée à recevoir du hasard ses vices et ses vertus, recherche en mariage une belle jeune fille nommée Sophie, maîtresse de sa personne et de ses droits, vivant hors de la ville dans une retraite délicieuse et peu fréquentée où elle cultive son esprit et garde son cœur. C'est la fille de la Sagesse ou la Sagesse elle-même.

L'écolier se met en route, et au lieu d'aller droit à la demeure de Sophie sans passer par la ville, comme le lui a prescrit son père, il a l'imprudence de s'engager dans la capitale où les plus funestes aventures le guettent pour le punir de son étourderie. D'abord, c'est la Mode qui accourt, en dansant, tantôt sur un pied, tantôt sur un autre, lui rit au nez de son accoutrement de la veille, lui fait subir les transformations les plus bizarres, le mène à l'Opéra, aux cours de physique et de géométrie, aux marionnettes, aux figures de cire, à toutes les folies qui changent chaque jour d'objet, et jamais ne meurent. Il lui sacrifie quatre ans de sa vie. Puis vient la Volupté qui lui prend le bras, l'entraîne d'un air langoureux, se démasque ensuite et allume dans ses veines une fièvre perfide.

— Non, s'écrie-t-il, je vais épouser Sophie.

— Allons donc! répond l'autre, en l'enchaînant de liens de fer et de guirlandes de fleurs, il n'y a de sage que le plaisir. Je veux que chaque jour de ta vie soit une fête de vingt-quatre heures.

Et quand le malheureux lui a donné huit années de son existence, elle le jette dehors par une fausse porte.

Il n'a pas franchi deux rues qu'il s'entend suivi par quelqu'un. C'est une grande femme maigre, louche, dont la bouche immense dévore des papiers, dont la main est armée de griffes et que suivent des chiens d'arrêt. Cette mégère est la Justice qui le saisit par le bras, le jette dans son palais où l'on ne voit goutte, et le dépouille.

— A la voleuse! au secours! crie le jeune homme.

— Tais-toi, dit la Chicane, ou je crie au viol, je porte plainte et prends arrêt avec surveillance.

Alors il transige, et donne cinq ans.

Puis c'est le tour de l'Envie qui veut lui dicter un libelle, souffle la satire, épand la calomnie, déchire, assassine les réputations.

— Obéis, dit-elle, ou je démontre que tu es un athée et un conspirateur : j'ai mes journaux et mes affiches, et si tu cries, je prouve que tu as tué trois femmes, empoisonné la fontaine publique, mis le feu aux forêts.

— Ah ! dit le fiancé de Sophie : votre air pâle annonce une mauvaise santé. Prenez quelques années de ma vie, et oubliez-moi.

— Je n'ai que faire de tes années, l'Envie ne meurt pas ; mais puisqu'en les prenant je te les ôte, j'y consens.

Et elle prend sept années.

La Goutte a son tour. Elle lui marche doucement sur le pied. Il se rebiffe à cette agacerie de fer. Mais elle l'étreint, enfle ses mains, tord ses doigts et ses pieds, déchire ses nerfs de pointes brûlantes qui le font bondir et s'écrier.

— Injurie-moi bien fort, mon enfant ; soulage-toi, dit la Goutte, je ne t'en aimerai pas moins. Je suis la tutrice de l'âge mûr, et c'est moi qui le sauve du mauvais usage des restes de la jeunesse.

— Ah ! Sophie ! crie le malheureux.

— Quoi ! j'ai une rivale, dit la Goutte d'un air hypocrite ; pars, va l'épouser.

Mais elle le touche du bout du doigt : le mal le cloue, il ne peut remuer. Encore dix années de perdues.

Et il tombe aux mains d'une grande dame qui est l'Ambition. Tirant d'un superbe étui une coupe d'agate, elle y verse une liqueur mousseuse qu'elle lui présente et qui l'enivre sans le désaltérer. Alors elle le pousse dans l'espace en lui criant : Écoute les vieux, amuse les vieilles ; jette ton argent aux femmes et ton honneur aux hommes ; flatte tout le monde et n'aime que toi.

Et comme il lui restait des entrailles et de l'honneur, il ne lui sacrifie que quinze ans.

Pour le coup, le malheureux se croit quitte ; il veut voler vers Sophie. Sa course a la rapidité de l'élan. Tout à coup une femme, à l'aspect horrible et la main armée de ciseaux, se jette sur son passage et l'arrête. Il la reconnait à un portrait qu'en a fait Michel-Ange, et il frémit et tremble. C'est la Parque.

— Accorde-moi quelques jours encore. Je vois la porte de Sophie : laisse-moi entrer ?

— Non. Tu as eu ce matin vingt ans :

En traversant la ville, tu as donné quatre années à la Mode ; huit à la Volupté ; cinq à la Justice ; sept à l'Envie ; dix à la Goutte ; quinze à l'Ambition. Total soixante-neuf. Ton compte est réglé. Crac ! et les ciseaux ont tranché ses jours.

Ses lèvres ne peuvent achever le nom de Sophie. Il tombe sur le seuil de la porte, ayant du moins ce bonheur d'ignorer qu'un sage jeune homme, qui n'avait pas traversé la ville, avait reçu la main de cette fille de la Sagesse.

DAME HOLLE

Damehoule
Chapitre 1er

COMMENT, PAR L'INTERVENTION D'UNE VIEILLE,
LE TRAVAIL FUT RÉMUNÉRÉ ET LA PARESSE CHATIÉE.

Une mère avait deux filles, jeunes d'âge ; la cadette, paresseuse et laide, l'autre excellant sur toutes les autres dames et demoiselles en beauté, vertu et bonnes grâces. La beauté rend la vertu plus belle.

Mais la mère aimait deux fois mieux la plus jeune, nonobstant sa paresse et laide condition, et passait sa vie à la gâter; et c'était sur l'autre que retombait toute la grosse et menue besogne du ménage. Assise sur un banc de pierre, près du puits qui bordait la route, vis-à-vis de la maison, il lui fallait tricoter si bien et si dru, qu'elle s'en mettait les doigts en sang, vrai souffre-douleur du logis. Et néanmoins, elle, d'un franc courage et débonnaire, obéissait sans murmurer ni se plaindre, cependant que sa sœur n'avait autre occupation que de dormir, se festoyer aux champs et à la ville, et imaginer viandes et plaisirs exquis pour sa nourriture. Et quand la pauvrette avait sué sang et eau à tricotter les bas et cotillons de la famille, ou bien à parachever quelque plaisant ouvrage d'aiguille pour rehausser le linge de l'indolente, celle-ci se bornait à dire :

— J'en aurais bien fait autant!

Aussi, à guise de ces méchantes herbes qui surcroissent parmi les utiles et salutaires, et les surmontent et étouffent, les mauvais penchants de la laide, s'accroissant encore du désœuvrement, éteignaient ce qu'il pouvait lui rester de bon. Enfant, elle martyrisait les oiseaux, fouettait les chiens, arrachait les dents aux petits chats, plantait des épingles dans les mollets du curé. Plus tard, elle conservait encore, pour grande qu'elle fût devenue, quelque chose de ce mauvais fonds, et s'était faite bourreau de la basse-cour. C'est d'elle que les manants ont appris par principes à occire le lapin en le frappant sur les oreilles, la tête en bas; le canard, en lui fichant une épingle dans la cervelle; la poule, en lui coupant la langue au fond du gosier.

Par contre, sa sœur, la belle enfant, était la providence et l'amie de ces honnêtes animaux. Il fallait ouïr le beau concert de bêlements et gloussements de joie qui l'accueillaient quand elle venait à paraître, et que tout, pêle-mêle : lapereau, coq, agnelet, poulette, accouraient, sautillant, lui manger dans la main. Et puis, c'était plaisir comme elle tirait plus blanches que neige les brebis du lavoir ; comme elle gouvernait les chèvres ; comme elle avait l'œil aux vaches, leur donnant à cœur joie verte ramée, et les frottant et bouchonnant de si bonne grâce, que leur poil semblait beau velours, tant elles étaient en bon point. Et puis encore, secourable et bonne aux pauvres, comme fille qui connaît la peine; elle en était bénie, tandis que la laide les avait et leur était en aversion, les chassant avec ignominie ainsi que gens de proie et chiens errants.

Or, advint, un jour, qu'une vieille à béquilles, mourant de chaud, de faim et de fatigue, et qui pouvait bien avoir cent ans, entra pour demander à se rafraîchir. La jolie fille était au marché, et ce fut l'autre qui reçut la vieille, ou plutôt ne la reçut pas.

— Faites-vous donner par la paroisse, ou bien allez travailler, lui cria-t-elle d'un ton rude et mal plaisant.

Et la pauvresse, appesantie de sa longue vieillesse, s'en alla comme elle était venue.

Le lendemain, elle repasse, entre encore, et la bonne jeune fille qui, cette fois, vaquait près du puits à son labeur, quitte le banc pour lui porter son pain et lui verser à boire. Puis après, poussant le rouet et reprenant le fuseau, elle dit:

— M'amie, que Dieu vous garde ; et puisque vous êtes de si bon cœur, recevez en don que la prei
chose que vous ferez demain matin, après votre prière, vous le ferez tout le long du jour.

— M'amie, que Dieu vous garde; et puisque vous êtes de si bon cœur, recevez en don que la pre
chose que vous ferez demain matin, après votre prière, vous le ferez tout le long du jour.

— Allez-vous loin, la bonne mère ? Ne voudriez-vous un peu ma place et vous reposer à l'ombre ?

— M'amie, répond la vieille, relevant tout à coup la tête avec une expression extraordinaire de dignité bienveillante, que Dieu vous garde ; et puisque vous êtes de si bon cœur, recevez en don que la première chose que vous ferez demain matin, après votre prière, vous la ferez tout le long du jour.

Et partant, elle la bénit. De quoi la gentille ménagère fut touchée, car la bénédiction du vieillard porte bonheur.

Le lendemain, avant le chant du coq, elle avait oublié le don de la vieille, et disait, comme de coutume, ses prières. Ce fait elle se met bien vite à la besogne, et, trouvant sur la table un coupon de toile que sa mère lui a laissé la veille, pour tailler à la famille ses bonnets des grands jours, elle le déroule ; et voilà que tout le jour incessamment et sans fin, elle déroule, déroule encore, roule et déroule ; et les aunes de toile jaillissaient à torrents de ses doigts, roulant à flots, s'amoncelant comme marée montante, inondant la chambre, inondant la cour, inondant la maison entière de la cave au grenier : — déluge d'or, car c'était batiste de merveilleuse finesse et grand prix. Sa fortune était faite si elle n'eut de neuf nippé sa mère et sa sœur, fait son propre trousseau et fourni de linge sa famille nombreuse et pauvre.

Quoi voyant, le laideron mal appris philosopha de la sorte en soi-même :

— Si le bien vient ainsi en dormant, grâce à la vieille, qu'elle reparaisse, et je veux la choyer et régaler avec telle diligence que si c'était la mère grand du roi. La vieille, en effet, revint, et cette fois, accueillante et douce en parole, la chatte-mitte fait patte de velours et voix flûtée :

— Mère, pardonnez, dit-elle, à mon langage de l'autre jour : j'étais si malade et durement préoccupée. Aujourd'hui, c'est la Sainte-Luce, la grand'fête du village, temps de joie, de plaisir et d'oubli.

Ce dit, elle va, elle vient; elle fait de la grande, elle fait de la petite, dresse un couvert et sert une chaude collation à la pauvresse affamée qui, la quittant, lui bailla pour don, comme à sa sœur, qu'elle ferait le lendemain tout le long du jour ce qu'elle aurait fait premier en s'éveillant.

Oh! alors, la fille ramassa tout ce qu'elle put trouver de beaux louis d'or par alentour, mit sous son oreiller sa bourse, qu'elle se promit bien de compter tout d'abord au réveil, et, se frottant les mains, s'endormit et songea toute la nuit un songe d'or et de soie. Elle nage dans une mer de délices; roule en carrosse; écrase les vilains; éclabousse voisins et voisines; prend le pas à la paroisse et trois parts de pain bénit; donne sa pratique à sa sœur la fileuse, et, pour faire une fin, épouse le fils du roi.

Au matin, les luisants rayons du soleil percent ses rideaux et dissipent le songe. Vite, vite, elle lève l'oreiller sans penser seulement à faire sa prière, quand soudain fond sur elle une puce incivile qui la pique au sang et la fait crier :

— Dépêchons, dit-elle, que je m'en défasse : je n'ai pas de temps à perdre aujourd'hui!

Et déjà croit-elle la saisir; mais le lutin subtil glisse entre ses doigts, saute de ci, saute de là, mord et meurtrit en cent lieux différents; et tant plus on le chasse et le manque, tant plus l'endiablé d'insecte fait et fait ses passes et s'amuse au jeu. La fille, comme un lion, s'acharne à sa poursuite, guette, prend son temps, et enfin, zeste!

— Je la tiens! crie-t-elle.

Mais voilà vingt puces nouvelles qui surgissent au secours; voilà vingt morsures à la fois qui lui font lâcher prise. A tant, les coups tombent dessus comme grêle; mais, à mesure, des légions de puces sourdent par centaines, par milliers, par millions; c'est un remue-ménage d'enfer, que tout vous en démange rien que d'y songer. La fille a la main partout, gratte et gratte au sang; mais l'ennemi se rallie et fait rage, saute du col au flanc, saute du bras à la jambe, de l'épaule au genou; pille, boute, assassine, dévore; cherche la veine, et de la lancette de son aiguillon, la perce et en suce la vie. Aux abois, la victime s'écrie, écume, et bondit et se roule : vaine clameur! fureur impuissante! L'ennemi se bouche les oreilles, et

Comme il sonna la charge, il sonne la victoire,

et le combat ne finit qu'avec le jour.

CHAPITRE II.

CE QU'ÉTAIT LA VIEILLE, ET QUELLE NOUVELLE
LEÇON ELLE DONNA.

A quelque temps de là, comme la belle jeune fille était à filer sur son banc, et que ses doigts écorchés avaient tout ensanglanté le fuseau, elle voulut le tremper dans le puits pour le laver;

mais, par malheur, il lui glissa des mains, tomba dans l'eau et disparut. Lors, tout en pleurs, elle courut à sa mère et lui conta sa mésaventure ; mais sa mère, rudement la gronda, disant :

— Puisque vous avez été assez sotte pour le laisser tomber au puits, repêchez-le comme vous le pourrez.

La pauvre fille s'en fut donc au puits, ne sachant en vérité comment s'y prendre, et elle se penchait de ci, de là, si bien que les yeux obscurcis de larmes, elle ne songea pas qu'elle perdait pied, et la tête la première elle tomba dans l'eau, et s'enfonça tout au fond sans connaissance. Mais le puits était fée et mollement l'engarda dans sa chute. Or donc petit à petit elle s'éveilla comme d'un profond sommeil et reprit ses sens. Et quand elle eut jeté ses regards autour d'elle, elle se vit avec délectation dans une vaste prairie éclairée du plus beau soleil.

Alors elle se leva, et, parcourant la vallée, elle jouit d'un merveilleux spectacle. Partout la terre était feutrée d'un gazon en fleur, pêle-mêlé d'une gentille confusion de mille couleurs diverses. On eût dit que l'auteur de la nature eût choisi ce lieu d'enchantement pour y coucher son émail et y faire éclater la délicatesse de son pinceau. Les oiseaux, plus luisants, gaillards et polis et de plus beau corsage que la petite en eût jamais vus, contaient en chantant leurs menus plaisirs aux zéphirs, se balançant sur des branches qui branlent et dansant à la cadence de leurs propres chansons. Le plus beau, paré comme l'oiseau du paradis, semblait emporté par un transport inconnu, à l'aspect de la jeune fille, la festoyait et lui servait de guide. Tantôt il coupe le vent à droit fil d'un vol ferme; il vole sans voler, planant par l'air, ou plutôt l'air semblant voler pour lui et lui servir comme d'oreiller et de litière. Il se ravale, il suit, il soupire, il se fâche, il se rapaise, ramollissant ses notes, mignardant ses passages, et les poussant tendrement et languissamment aux oreilles de la jouvencelle. Cependant, les petits se baignaient dans le calice ou parfumoir des fleurs, puis, s'élevaient en cadence et laissaient tomber des folioles embaumées sur sa tête. Les agneaux bêlants par à l'entour se jouaient et gambadaient, au bruit de ces doux concerts, et la bique éveillée allait remplir sa traînante mamelle, suivie de ses biquets bondissants. Les allées d'arbres et cépées brillaient d'une végétation plus énergique et majestueuse qu'il n'est coutume. Et la vigne, et la clématite, et le lierre et le cobéa, comme s'ils eussent sentiment et connaissance de leur débile nature, jetaient çi et là certains petits bras ainsi que filets en l'air, et, rencontrant quelque tronc ou rameau de coudrier, s'y liaient, l'étreignant comme l'enfant de mamelle étreint sa mère, et se dilataient, au long des branches, pour former un berceau de grappes et de fleurs. Ce berceau menait à une chaumière plaisante à voir, qu'abritait un petit bois d'aulnes et de coudriers. La petite entre dans la chaumière, personne : mais tout d'abord elle voit un four rempli de pain frais, et le pain lui dit :

— Tire-moi du four ! tire-moi du our ! je brûle, je suis assez cuit.

Lors, elle s'arrêta, prit la pelle et le fourgon, et bellement tira le pain fumant.

Ce fait, elle fut au verger, et vint à un arbre tout chargé de pommes fraîches et rosées comme joue de fillette, et alors l'arbre lui dit :

— Secoue-moi ! secoue-moi ! je meurs sous le faix, tous mes fruits sont mûrs.

Alors, des deux bras étreignant l'arbre, elle le secoua de tout son pouvoir, si que les pommes tombèrent comme grêle, et que plus une ne resta sur les branches.

Or donc, elle chemina plus loin, et bientôt parvint à une jolie cabane blanche comme neige, où une bonne vieille assise prenait l'air à la porte. A cette vue, la petite voulut s'enfuir ; mais d'une voix aimable et douce la vieille l'appela :

— Ma mie, n'aie point de peur, et si tu veux rester avec moi, je te garderai volontiers ; et si tu es ménagère habile, je te donnerai de bons salaires. Mais veille surtout à une chose : à bien faire mon lit, et secoue bien et beau hors de la porte oreillers, édredon et lit de plumes, afin que le duvet s'envole, et que les bonnes gens ci-dessous là-bas sur la terre, puissent dire : Il neige ! il neige ! dame Holle fait son lit. Or, c'est moi, ma mie, qui suis la dame Holle.

Aux premiers mots de la vieille, la jeune enfant avait reconnu sa bonne amie la fée à la toile, et, s'approchant, elle admira comme cette bouche avait de douceur et de grâce, comme ce front chargé d'années se couronnait encore de jeunesse et de majesté ; et sur-le-champ elle répondit :

— Bonne mère, je suis à vous !

Alors, sans plus de façon, à l'heure même, elle se mit à l'œuvre et fit de son mieux pour plaire à sa maîtresse.

La nature était alors en ses pensées joyeuses de paradis, étoilant de fleurettes les parterres, emperlant le tapis de la vallée, et en faisant une terre de promission, pleine de lait et de miel. La petite menait aux champs les brebis et les chèvres, et jetait la graine aux oiseaux, qui faisaient autour de la cabane un gentil concert à la rustique. En même temps, elle veillait aux abeilles, semait par alentour des herbes délicates, et soignait curieusement les arbrisseaux à fleurs, pour inviter ses chères bêtelettes à courir à la picorée et faire dans la ruche emmiellée leur petit ménage.

Surtout elle eut grand'-cure de broder, tricoter et filer, voire de bien secouer le lit de plume. Aussi, neigea-t-il beaucoup cette année là, au grand profit des biens de la terre.

Tant d'activité laborieuse lui valut l'amitié de la vieille, qui lui abandonna toute sa confiance et la traita comme sa propre enfant. La besogne faite, elle se promenait le jour, avec elle, dans la prairie et le verger, lui faisant voir par quel secret le soleil féconde la nature, engendre les jours et les saisons, les ans et les siècles ; par quel autre secret l'eau est la nourrice des biens de la terre, les nuées sont les mamelles dont la nature allaite ses créatures. Elle lui expliquait comme Dieu exerçait la puissance de faire végéter et croître toute plante et toute chose, et ensemble elles glorifiaient le Créateur dans ses prodiges. Aussi, la jeune fille devint-elle habile au labeur de terre, et se récréait en icelui. Elle qui, née au milieu des champs, avait vu jusqu'ici planter, croître et fructifier sans se rendre compte des merveilleuses actions de Nature, s'arrêtait maintenant à chaque pas, frappée de quelque observation nouvelle. Elle admira comme, soigneuse de ses trésors, elle cuirasse cette graine de peaux fortes contre la rigueur de l'air; contregarde curieusement du brigandage des oiselets ce fruit ou cette fleur en l'armant de pointes acérées; comme elle défend cet autre fruit des ardeurs du soleil, en le couvrant de feuilles larges et ombreuses pour conserver son teint; comme au blé elle donne la sapience de se vêtir d'une cotte d'armes à quadruple rang de piquerons aigus; comme enfin, faisant jouer de secrets ressorts, elle déclot ces fleurs aux influences de l'aurore et les reboutonne et repose à la chute du jour. Et la jeune fille vit comme les arbres pleurent et dégouttent de larmes diverses; comme le peuplier distille et vitrifie sa résine ambrée; l'acacia transpire et jette la gomme arabique; le cerisier et le prunier pleurent aussi leur gomme; le balsamier rend son baume; le mancenillier file et bave son venin.

Adonc, tenant la main de la petite dans les siennes, dame Holle lui expliquait tous les miracles de Nature et bien d'autres encore. Et ensuite elle lui donnait de bons conseils, non à guise de ces niais sublimes qui, passant leur vie à mettre la philosophie en énigmes, ont fini par embrouiller la raison de l'homme à force de vouloir le rendre sage; non, en ces temps on n'était ni si fin ni si triste ; on commençait par s'entendre soi-même avant d'essayer à se faire entendre des autres. La bonne vieille, la bouche d'or et l'oracle du bon Dieu, confabulait toujours de joyeuse humeur, et contait à l'enfant de ces simples et naïves paraboles qui vont toutes à prouver que le travail est le génie et le bonheur, que la paresse n'a jamais fait que des gens médiocres et malheureux. Et puis, elle lui montrait à lire dans les deux seuls livres dont sa bibliothèque était composée : la *Bible* et l'*Imitation*, livres en langue du ciel et pleins de bons propos. Dis-moi ce que tu lis, je te dirai ce que tu es.

— Il est écrit, lui disait-elle encore : La première vertu des femmes est la modestie; les femmes valent par ce qu'elles sont, les hommes par ce qu'ils acquièrent. Sois donc, avant tout, modeste et simple de cœur. Après, viendra le savoir. Et puisse Dieu te faire à la fois la grâce de bien penser, de bien dire, et, ce qui est bien mieux encore, celle de toujours bien faire.

Ainsi paisiblement coulaient en tels devis les jours de la belle jeune fille. Et, un temps, elle était heureuse. Vrai est ensuite qu'après être restée de longs mois chez la bonne fée, la maladie du pays lui fut comme un estoc pointu planté au milieu du cœur; et bien qu'elle fût là mille fois mieux que chez elle, néanmoins elle brûlait d'y retourner, songeant à sa mère, et d'ennui perdant le manger et le boire. De près, trop souvent les liens de nature se relâchent; de loin, ils se nouent et resserrent: notre cœur est ainsi fait. A la fin donc elle dit à la vieille :

— Je vous supplie, bonne maîtresse, ne vous scandalisez point de me voir avec larmes si résolûment aspirer à partir, bien que du fond de l'âme je vous sois reconnaissante à jamais. Ma vie à la maison était vie de chagrins et de pleurs. Eh bien! pour dure qu'elle me pût être, elle me le serait moins que l'éloignement et l'absence.

— Eh quoi! ma mie, où est le mal? répond la vieille, rompant le propos. Fais selon ton cœur, et, puisque tu m'as servie en fille sage et fidèle, je vais te payer tes salaires et te montrer le chemin pour sortir.

Alors, elle la prit par la main, la mena derrière la chaumière, et quand la jouvencelle mit le pied sur le seuil, voilà qu'il tomba une pluie drue et serrée, une pluie d'or, si bien que l'enfant tendit son tablier et en ramassa autant qu'elle put en porter. Et la fée voulut encore la vêtir d'une magnifique robe d'or, disant :

— Ce sera ta robe de noce ; ton bon cœur et tes bons services te méritaient ces dons.

Elle lui remit également son fuseau tombé dans le puits, glissa dans sa poche un sac de graines de la prairie et du verger, et la baisant sur le front, la congédia par une porte qui lui était inconnue.

Quand celle-ci se fut fermée sur elle, la jeune fille se trouva non loin de l'habitation de sa mère, et comme elle y entrait, il faisait nuit noire ; mais l'éclat de la robe d'or illumina la cour, et les oiseaux se prirent à gazouiller, croyant saluer l'aurore ; et le coq, perché sur le couronnement du puits, se mit à coqueliquer, battant de l'aile et chantant à tue-tête :

> Éveillez-vous et tôt,
> Éveillez-vous, voici le jour!

Alors, elle entra dans la maison, où son retour fut fêté, car elle était riche. Mais quand la mère sut comment ce bien lui était advenu, elle brûla d'envie que sa laide paresseuse eût telle bonne aubaine, et lui conseilla d'aller aussi s'asseoir auprès du puits et de filer.

Elle donc, pour mettre comme sa sœur du sang à son fuseau, essaya de s'en piquer les doigts; et le sang ne venant pas, elle avisa de plonger sa main dans une touffe d'orties; mais, au lieu de sang, surgirent d'horribles ampoules, et la cuisson lui fit pousser des gémissements de douleur. Et cependant l'ardente convoitise lui rendit courage, et les yeux fermés et grinçant des dents, elle s'enfonça l'autre main dans un buisson de ronces et d'épines et l'en tira tout ensanglantée. Le fuseau une fois rougi de sang, elle le jeta dans le puits et s'y jeta elle-même la tête la première.

Semblablement elle s'éveilla dans un pré de merveilleuse apparence; mais ses mains endolories et déchirées lui donnaient de l'humeur; et quand les agneaux et les biquets s'en vinrent sauteler autour d'elle, les oisillons becqueter innocemment à ses pieds, les rossignols et les pinsons dégoiser leurs chansonnettes, et le phénix étaler sa chemise surdorée de toutes les couleurs de l'arc-en-ciel, elle les chassa d'une voix furieuse, et, courant comme une folle sous le berceau de verte feuillée, elle arriva enfin à la chaumière. Et, comme devant, le pain cria :

— Tire-moi du four! tire-moi du four! je suis assez cuit!

Mais la lâche fille :

— En vérité, répond-elle, n'irai-je pas me brûler les doigts pour tes beaux yeux?

Ce disant, elle passa au verger, et le pommier criait :

— Secoue-moi! secoue-moi! tous mes fruits sont mûrs!

— Tiens! dit l'autre, c'est cela! j'irais m'époumonner à secouer tes fruits pour qu'il m'en tombât sur la tête!

Ce dit, elle partit encore. Bref, à la fin, elle

vint à la cabane de la mère Holle et se mit à son service. Le premier jour, ce fut merveille : coulante comme lait, douce comme miel, obéissante à plaisir, tout alla ainsi que sur roulettes, tant l'argent lui tenait au cœur! Mais, le lendemain, cette belle ardeur s'attiédit; les jours ensuivants ce fut pis encore. Impossible de l'arracher du lit avant le milieu du jour, et quand enfin elle se levait, c'était pour se détirer, bâiller et manger jusqu'au soir; foulant aux pieds tous les chefs-d'œuvre de nature, sans autrement en tenir compte, sans jamais promener ses esprits par le ciel et par la campagne pour y rencontrer la divine Providence. Et les brebis, laissées à l'étable, étaient battues des cruautés de la faim ; et les fleurs se mouraient faute des moiteurs de l'arrosoir; et les avettes couraient à l'aventure, allant en vain à la dépouille des herbes et des fleurs desséchées. Le lit surtout était mal fait, et la paresseuse point ne secouait dehors le lit de plumes pour en faire voler le duvet. Et, cette année, pas de neige; aussi voit-on aux chroniques comment le printemps s'en vint à l'étourdie poindre alors en plein cœur d'hiver. Dame

Holle eut bientôt assez de sa servante paresseuse et sensuelle, et lui dit un beau matin :

— Je vais te donner ton compte.

— Bon ! dit l'autre à part elle-même, c'est le moment de la pluie d'or !

La fée, donc, l'envoya vers la même porte que sa sœur; mais voilà une armée de moustiques qui lui donne droit en la visière, lui bourdonne aux oreilles de son hautbois et de sa trompette, et lui perçant l'épiderme au visage, hume le meilleur sang qui lui coule dans les veines et lui verse à la place un venin cuisant; puis, au lieu d'or, une pluie de suie et de neige lui tomba sur la tête.

— Voilà tes salaires, dit la mère Holle, la poussant dehors par les épaules et lui fermant la porte au nez.

Alors, elle revint au logis tout endolorie et noire de son aventure ; et quand elle fut près de la maison de sa mère, le malin coq, perché sur le puits, se prit à battre bruyamment des ailes, et chanta d'une voix éclatante :

> Éveillez-vous et tôt,
> Éveillez-vous, voici le jour !

QUE BIEN MAL ACQUIS NE PROFITE, ET QUE
LE TRAVAIL ET LA VERTU CONDUISENT A LA FORTUNE
ET AU BONHEUR.

Alors, le cœur percé de rage, de douleur et d'envie, transportée hors de son entendement et ne sachant ce qu'elle faisait, elle rentra au logis et tordit le cou, en passant, à deux ou trois pauvres poulettes qui lui couraient dans les jambes.

— Qui me tarde, criait-elle, qu'à cette heure je ne me tue moi-même! Ah! chétive que je suis! qu'ai-je fait pour être ainsi malmenée, honnie et rongée au cœur; tandis que cette autre, qui n'est bonne qu'à coudre et filer, se vêt des robes d'or et s'emplit l'escarcelle de cailloux du paradis?

Voulant parler de sa sœur, qu'elle chargeait en son âme de toutes les iniquités de sa mauvaise fortune. Se ruant donc de prime-saut sur la pauvre innocente, qu'elle trouva besognée au ménage, elle se prit à la quereller; à quoi, l'autre ne répondit qu'avec modestie et douceur. Mais la mère intervint, bonne femme au fond, et les réconcilia.

— Embrassons-nous, dit la bonne.

— Embrassons-nous, dit l'envieuse; et, de ce moment, suivant l'usage, elle l'eut en haine plus profonde; et, ne pouvant faire résistance à son ardente jalousie et désir de briller, elle délibéra, quoi qu'il advînt, de ravir l'or de sa sœur et contenter son désordonné appétit.

Sur l'obscur du soir, comme la mère s'amusait à voir scintiller les étoiles et que la belle jeune fille mettait le couvert du souper, l'hypocrite se glisse en tapinois dans l'arrière-chambre, et tire le sac où l'or était serré pêle-mêle avec les graines du verger. Mais la bouche du sac était cousue d'une triple soie ; et comme la fille saisissait le nœud pour le défaire et entrer sa main :

— On ne passe pas ! s'écrie de sa plus grosse voix l'aiguille restée au bout du fil ; et, poussant sa pointe, il y a du sang répandu.

L'affreux dragon des pommes d'or n'était si farouche et terrible et ne fit en son temps plus de peur. Par quoi la fille s'enfuit d'abord, puis à petits pas revint, et voulant essayer de la douceur et l'astuce :

— Vertueuse aiguille, dit-elle, prête-moi tant seulement une pièce, une seule, et je ferai ton sort. Tu seras dorée de la tête en bas ; à grand'-cure te tiendrai-je nette et luisante, et piquée à toujours dans un sachet de brocard, tu t'enivreras de senteurs et ne feras pas un point de ta vie.

Pensant, la paresseuse, que le rien faire est le souverain bien. Mais l'honnête aiguille, qui avait eu le premier prix au concours de l'industrie nationale, et ne respirait que travail et couture, hochait la tête, pointe en avant. Lors, la fille en fureur, tira un couteau et poignarda le sac par le milieu, si que les graines et les pièces roulèrent par la chambre. Mais l'aiguille lui entra dans les chairs jusqu'à la tête, et soudain le coq, sautant à la fenêtre, sonna des notes si aiguës, que l'alarme fut en la maison. On accourt, et la voleuse de dire :

— C'est le coq qui, du bec, a fait le coup pour avoir les graines !

Ce néanmoins, elle avait eu le temps de ramasser et glisser dans sa poche le plus gros des sultanins enchantés, le plus précieux de tous, et qu'il suffisait de posséder pour changer tout en or à sa volonté. Mais la belle le vit et se tut, tira gentiment l'aiguille du doigt de sa sœur, et donnant tout le reste de l'or à sa mère, elle ne garda que les graines, se disant à elle-même :

— N'ai-je pas, en effet, assez du travail de mes mains ?

Étant venue l'heure du sommeil, la laide s'encourut vite à sa chambre, mit le verrou, cousit la pièce à la frange de sa jupe, et n'eut qu'à souhaiter toute la nuit pour faire de l'or. Et, le lendemain, le paysage était d'or; et la brise, étonnée, soufflait à travers des arbres d'or; et sur la colline s'élevait un palais tout d'or à trente-deux carats. Par quoi, sans prendre congé de mère ni de sœur, la fille s'en alla à son Louvre; et vilains de mettre genou en terre et présenter l'hommage-lige; et flatteurs et gens de cour de pleuvoir comme chenilles au printemps; et chevaliers d'accourir pour gagner leurs éperons comme jadis, non la lance au poing, mais ventre à terre et chapeau bas.

— Qu'elle est belle! s'écriaient-ils en un concert de voix; elle dit et parle d'or! C'est un cœur d'or! Elle vaut son pesant d'or!

Et la laide, entêtée de sa gloire nouvelle, fait de la majestueuse, et promet des monts d'or à tous ses vassaux. Sa vanité promet; son avarice ne tient pas. Tout ce qui brille n'est pas or.

Pour la sœur, qui s'est réduite à son aiguille et à ses graines, d'arrache-pied elle travaille, et l'aiguille miraculeuse sous ses doigts fait merveilles. Ce jourd'hui, c'est un corsage qui redresserait la fée Carabosse; demain, c'est l'histoire de l'empire et la vie du roi brodées au petit point, morceau superbe dont sont jaloux les plus illustres pinceaux. Le bruit en vient aux oreilles du prince, qui fait quérir et l'œuvre et l'auteur. Il admire, et, cette fois sans mensonge, la cour admire et s'étonne avec lui. La petite, comblée de présents, nommée brodeuse de la couronne, dîne avec la reine-mère, qui l'embrasse et la baise, et les gentilshommes de la chambre avec les archers de la garde la reconvoient chez elle dans les carrosses de la cour.

Dieu! quelle furie jalouse, si la méchante eût vu telle fortune échoir à sa sœur! Mais la malheureuse avait bien d'autres affaires sur les bras. Une bande innombrable de voleurs, alléchée par la friandise du palais d'or, nuitamment arrive, enlève les gouttières, fait sauter les grilles, la toiture et les portes, et, croulant de tous côtés dans la place comme une avalanche, met tout au pillage, arrache le palais de ses fondements, enlève la princesse, la dépouille sans découvrir toutefois son talisman, et ne lui laissant que sa chemise et sa jupe, violemment la jette sur la paille en un château fort : et là, matin et soir, on lui fait faire de l'or à coups redoublés de nerf de bœuf et d'étrivières. Par quoi, se sentant si dru émoucher les épaules, cent fois elle eut sur les lèvres le secret de sa pièce enchantée ; mais, plus forte que la douleur, l'avarice lui ferma la bouche. Chaque jour, elle épie le moment où les hommes de proie sont dehors, et madame à sa tour monte, si haut qu'elle peut monter, et pleurant comme une fontaine, elle s'écrie aux vents :

— Allez, vents, allez à ma sœur ; qu'elle sache mes peines et me vienne quérir !

Ce pendant que la poule aux œufs d'or ainsi fait pénitence, sa sœur apprend la prise et le pillage de son Louvre, et mue de compassion, elle cherche en tout lieu ce qu'elle est devenue ; mais ne trouvant personne qui le lui sache dire, la belle avise un moyen nouveau. Elle ouvre son sac, prend un haricot blanc comme neige, fait un trou dans la cendre chaude du foyer, y jette la graine, et soudain, par le tuyau de la cheminée, le haricot s'élève à deux cents pieds de terre. L'enfant y monte, s'oriente, lunette en main, et bientôt, de son observatoire, découvre à dix lieues par delà sa sœur gémissante. Elle part sur le coup. A la tour, on l'arrête; mais ne trouvant sur elle que son aiguille et son sac, on la relâche sans défiance. Elle, alors, de son petit doigt fait un trou dans la terre au pied du mur, y met une graine, et soudain pousse un lierre agile et vivace qui grimpe comme lézard à la muraille, fouille la pierre, se cramponne et plonge, atteint les créneaux, et, s'étageant haut et bas de mille bras vigoureux, fait la courte-échelle à la jeune fille; et quand la prisonnière en pleurs disait aux vents :

— Allez à ma sœur, allez la quérir !

— Me voici! dit l'autre, se jetant dans ses bras.

Lors, toutes deux descendirent par la même voie et s'enfuirent.

Mais à peine était la glorieuse rentrée au logis, qu'elle recommença à mépriser sa sœur et rêver nouvelles chimères. Lors, un jour, sans s'inquiéter ni de mère ni de sœur :

— Je veux voir la cour, se dit-elle. Et elle y alla, changea en or une fleur superbe chargée d'oiseaux-mouches et l'offrit au roi.

La fleur plut, la fille ne plut point. En vain, pour faire de l'effet, versa-t-elle de l'or à pleines mains : elle ne toucha que les valets et un vieux seigneur avare qui, la voyant si bien besogner, l'épousa, la trouvant, toute laide qu'elle fût, plus belle que Vénus au printemps.

Alors, ce fut entre eux un assaut de ladreries honteuses. Nul repos ni en leur esprit ni en leur corps, et quelque grasse cuisine qu'ils eussent pu avoir, tout cousus d'or, ils se refusent le nécessaire. Plus ils vont, plus ils vivent dans leur or, par leur or, pour leur or. Tout bruit leur est un voleur, toute ombre un assassin. La conscience cautérisée d'exécrable convoitise et avarice, ils tremblent comme feuille à l'idée de quitter la vie, et embesognés tout le jour à compter leurs richesses, il n'entr'ouvrent leur fenêtre cadenassée d'un triple fer que pour aviser quelque objet nouveau de métamorphose. D'abord, comme ces médecins dorés des histoires le prescrivaient jadis à leurs malades, ils font bouillir des pièces d'or dans des ventres de poulets et en boivent le bouillon, cuidant qu'il a retenu quelque substance de l'or ; ou bien, limant de l'or, ils en mangent la limure parmi quelque viande. Puis, ils transforment tout ce qui tombe sous leur main ou sous leur regard. Puis, enfin, enfin, devenus fous à force de fureur, ils dessèchent au loin la verdure dont s'émaille la terre, et, pour dernier monument de leur insigne délire, ils arrêtent la sève dans ses canaux, congèlent les sources et fontaines, et bouleversant à l'envi toutes lois de nature, font de l'empire un vaste minerai : plaie terrible, qui répand partout la désolation, la misère, la faim et la mort au sein d'inutiles richesses ! Par quoi, finalement, atténués, maigres et décharnés comme des cadavres, un beau jour, en face d'une table chargée de chapons et autres viandes de pur or, nos deux avares crèvent en enrageant de n'avoir pu se tranformer eux-mêmes en lingots.

L'or cependant est pour rien, les billets de banque ne servent plus qu'à la toilette ou à allumer le feu, et les garnements des rues jouent au petit palet avec des louis doubles. Mais bientôt le peuple s'ameute et demande âprement du pain. D'instant en instant le fléau devient plus terrible et plus pressant. Le roi ordonne des prières ; mais le ciel est d'airain, et, de plus, ce jour-là, il souffle un vent impétueux et brûlant comme un tourbillon de foudre qui dessèche les dernières gouttes de l'eau des citernes. Et, sans pâture, les animaux des forêts, les habitants de l'air font irruption sur les hommes allanguis par la douleur.

— O mon Dieu ! ayez pitié de vos créatures ! O mon Dieu ! qui nous sauvera de tant de tourments et d'angoisses ?

— Ce sera moi, avec l'aide de Dieu, dit la douce jeune fille, paraissant tout à coup près du roi au milieu de la foule, qui chante la neuvaine dans le carrousel royal. Lors, elle tire son sac, fait de son doigt un trou dans la terre, y jette sa plus grosse graine et curieusement la recouvre et l'arrose du dernier verre d'eau qui reste au prince ; et mettant le genou en terre, elle répand des larmes avec des prières. Aucuns, la prenant pour insensée, se moquent d'elle ; mais elle, comme l'ancien Diogène, ne se tient pas pour moquée, et le déplaisir qu'elle reçoit de la folie du peuple, elle le supporte pour l'amour de la chose publique.

Cependant, le roi qui croit à la vertu de la jeune fille, fait contenir les curieux indiscrets par ses archers; et comme la foule immense, retenant son haleine, le cou tendu, le corps à la gêne, attend l'événement.

Soudain, voilà quelques flocons de neige éclatante qui tombent droit sur la place de la graine : on voit que dame Holle a passé par là. Alors, se manifeste un soleil glorieux qui, en souriant, féconde la terre.

Silence ! la nature a reçu la graine en son sein, l'échauffe, la gonfle et la métamorphose. Écoutez! écoutez! n'entendez-vous déjà l'enveloppe qui éclate et se brise? C'est la radicule qui s'en échappe, plonge en pivotant, pousse de toutes parts une chevelure à filaments sans nombre, et s'en va humer avidement les sucs nourriciers de la terre. Ce sera la mère-racine, ce sera à la fois le support, le tronc souterrain de l'arbre futur. Mais l'évolution du germe s'accomplit : voici venir un petit poinçon d'argent et d'émeraude qui, tranchant la terre, met le nez dehors, se montre à nu et s'émaille, au jour, de mille couleurs. Voyez comme, d'abord timide, l'embryon darde sa tigelle tendre et fluette; comme ensuite ce corps rapidement s'amuse à faire bois, s'assied à l'aise, s'allonge, s'enroule de couches diverses, monte, monte, monte, jetant à plaisir au ciel des bras et des mains chargés de bourgeons qui s'épanouissent en verte feuillée respirant l'air et les vents.

Cependant, la prévoyante jeune fille l'ébranche et l'émonde, et dépouillé de ses rameaux trop peuplés et drageons superflus, il en boutonne mieux. Alors, la sève bouillonnante monte par le cœur et descend avec impétuosité par l'écorce luisante et fendillée; et tout à coup, de l'aisselle des feuilles ombrageuses et palmées sortent de tendres folioles. En peu d'instants l'arbre fleurit, tôt après défleurit, épand ses calices sur la terre, et quasi au même instant, le fruit se noue dans sa lange verdoyante et pourprée, béni de l'indulgence de la nature.

A cet aspect inattendu, à cette végétation si

hâtive, à cette espérance de salut et de vie, vous eussiez ouï l'amas pressé de peuple s'agiter au loin comme la vague des mers; et tous, par un mouvement unanime et spontané, se jeter la face en terre en adorant Dieu et s'écriant : C'est l'arbre à pain ! c'est encore la multiplication des pains du Sauveur ! Grâces te soient rendues, ô mon Dieu !

Mais incontinent l'arbre majestueux secoue sa tête chevelue et laisse tomber à la foule affamée ses fruits charnus et pulpeux, tendrelets et savoureux à merveille. Alors, ce fut une acclamation immense qui fit retentir les voûtes célestes, et la reconnaissance des peuples fut agréable au Seigneur. Et la jeune belle fille, tout baignée de larmes de joie et portée en triomphe sur les bras du peuple éperdu, vida son sac par la campagne, et surgirent soudain des moissons et des forêts d'arbres fruitiers : le coco versa son suc rafraîchissant, l'ananas ses parfums, le raisin sa liqueur vivifiante, et la datte, la goyave, la mangue, la pêche roulèrent sur la terre, recueillies comme une pluie de manne. Vous eussiez dit un paradis terrestre, moins le fruit défendu.

Cinq fois, dans le jour, l'arbre à pain fleurit, et jonchant la terre de ses fleurs doubles, donna des fruits nouveaux. Cinq fois, semblablement, les autres arbres fleurirent, jetèrent au vent leurs fleurs et fructifièrent. Cinq jours durant, se renouvela cette merveille, et quand la terre fut partout couverte des folioles de la floraison, toute chose naguère changée en or reprit sa première nature, et la terre respira.

Touchée, alors, de tant de bienfaits, la reine douairière dit à son fils :

— Celle-là mérite le trône qui fut mère nourrice du peuple. Et le jeune roi épousa la belle jeune fille. Dame Holle vint à leurs noces, et leurs enfants furent blancs comme neige. Et ils régnèrent suivant la sapience et justice, et longtemps, longtemps fleurirent au sein du bonheur, car « *le Juste verdira comme le palmier,* » disent les Écritures.

Dame Holle. — Le premier chapitre est fondé sur l'une de ces vieilles traditions qui courent par toute la France avec diverses variantes. Telle que nous la donnons, on la conte en Bourgogne, bonne vieille histoire de nourrice avec laquelle a été bercée la génération présente, et qui, avant une cinquantaine d'années, aura disparu comme toutes les autres traditions de ce genre. Une époque matérielle, positive et utilitaire comme la nôtre, ou, si l'on veut, plus sérieuse, ne saurait manquer de déplacer la poésie et de détruire ses anciennes admirations. En effet, le morcellement des propriétés, qui ouvre, dans les campagnes, une carrière active et indépendante à la petite ambition de chacun; les chemins de fer qui vont sillonner en tous sens le sol du pays, et appeler toutes les populations à prendre part au mouvement concentrique d'une civilisation commune, rendront moins soucieux des vieux souvenirs originaux et typiques de chaque province, et en feront disparaître à jamais les caractères marqués et la physionomie individuelle. Mais, en s'ouvrant une destinée plus philosophique peut-être, et plus sociale, la poésie perdra ce qu'elle avait de vigoureux et de primitif en se retrempant à ces sources fécondes des premiers âges des peuples.

Le conte qui forme ici le premier chapitre est également répandu dans la Flandre, fort riche d'ailleurs en traditions d'un cachet original. M. Henri Berthoud dans ses *Traditions surnaturelles de la Flandre*, en a donné au public le plus grand nombre. Je préfère, je l'avoue, la version bourguignonne à la version flamande. Dans cette dernière, la mauvaise femme est également punie par l'irruption d'une légion de puces ; mais une première d'abord lui saute au front, au moment où sa main a saisi la bourse, et alors les deux bras, par un mouvement convulsif, sortent du lit et se prennent à gratter en commençant par la tête, et voilà que tout le jour ils besognent si bien à l'envi l'un de l'autre, que, le soir, on ne retrouve plus au lit que deux bras inexorables grattant toujours un reste de squelette. Ce qui rappelle l'histoire de ces deux chiens, combattant avec tant d'acharnement qu'après la bataille il ne restait plus, pour dernier monument, que le bout de leur queue.

Au surplus, notre histoire est très-vieille. On en suit la trace à travers quelques vieux livres qui l'ont recueillie de la tradition orale. Beroald de Verville, dans son livre grossier, mais plein de verve, d'imagination et d'esprit, intitulé : *Le Moyen de parvenir*, raconte comme quoi « Un saint personnage, passant chemin, se rencontra à Barace, près de Durtal en Anjou, et avisant le tard, alla prier la dame d'un logis de le coucher pour l'honneur de Dieu. Celle-ci l'éconduit, et le saint homme va droit chez une autre matrone, qui le reçoit honorablement et le met en un bon lit. Le lendemain matin, il part en lui laissant pour don que la première besogne qu'elle fera, elle la fera tout le jour. La femme ne pensait plus à ce don, quand elle se mit à ployer du linge, et tant ploya et encore ploya, que plus elle ployait, plus il y avait à ployer et ployait toujours. Celle qui avait refusé le bonhomme, allant par hasard chez sa voisine et voyant l'aventure, se ravisa, courut après lui et lui fit grand' chère. Même don du voyageur au départ ; mais le résultat ne fut pas le même pour la commère. Il lui prit un petit besoin, elle s'accroupit, et tout le jour demeura en cette posture. »

La *Dame Holle* ou *Holda, Frau Holle*, est comme Hodeken,

Rubezahl, Knech-Rupecht, le fidèle Eckard, l'une de ces créations fantatisques auxquelles les traditions de l'Allemagne ont prêté un corps, une existence désormais consacrée, et qui vivent dans l'imagination populaire, non pas à titre de personnages fabuleux, mais comme d'anciens compagnons d'enfance, de vieux amis d'autrefois. L'Allemagne est hantée d'une foule de ces êtres intermédiaires entre le ciel et la terre, la terre et l'enfer, Dieu et l'homme. Chaque province a le sien qu'elle vénère, et dont bien entendu se moque le plus souvent la province voisine : guerre des dieux qui a son côté bouffon digne de l'étude et de l'observateur.

Au nombre de ces êtres qui n'exercent leur pouvoir que pour le bien public se distingue surtout Dame Holle, sorte de fée bonne ménagère qui récompense le travail et l'activité, qui châtie l'indolence et la paresse. Elle a aussi sa fonction dans le ciel, fonction qui rentre encore dans ses attributs de bonne ménagère. Quand il neige, on dit généralement en Hesse : « C'est Dame Holle qui fait son lit. » Cette tradition est également répandue en France; notre Dame Holle est sainte Catherine, la patronne des jeunes filles ; et quand il neige, on dit : « C'est sainte Catherine qui fait son lit. »

Les frères Jacob et Wilhem Grimm ont donné, sous le titre de *Frau Holle* un conte fort court, répandu plus particulièrement dans la Hesse et la Westphalie; mais qui se retrouve en plusieurs autres parties de l'Allemagne, diversement modifié, et qui paraît être d'origine orientale. C'est cette tradition qui nous a fourni une portion du second chapitre et donné un titre général.

On peut consulter, sur les diverses traditions qui se rattachent à Dame Holle le premier volume des *Deutsche Sagen* des frères Grimm et Prœtorius.

Le nom de *Holda* ou de *Hulda* donné à la fée, et dont *Holle* ou *Hulle* n'est qu'une variante formée par le redoublement du son *l* au lieu de *d* élidé dans la prononciation familière, n'est pas un nom de fantaisie. Il signifie encore en allemand et dans quelques autres dialectes de même origine : *Gracieux, bienveillant, amical, bienfaisant, bon*. Ainsi, dire *Dame Holle*, c'est dire fée gracieuse : *La bonne fée*.

En danois, *hold* se prend substantivement pour *bonté, grâce, bienveillance*, etc., etc.; et ce même mot ou ses variantes avaient la même valeur dans tous les anciens dialectes teutoniques, franks et gothiques, où on le retrouve, suivant la diversité des temps et des localités, avec de nombreux changements de figure, tels que :

Hald, hæld, haild, hild. — Hœld, hold, huld, hueld, huild, hyld, ou bien avec la terminaison en *t*.

Enfin, suivant l'orthographe adoptée dans quelques anciens dialectes teutoniques et la prononciation gutturale donnée à la lettre *h*, on le voit encore avec les mêmes variantes écrites par *hh* ou par *ch* guttural, qui en est l'équivalent, ou par la lettre *g* qui se confond souvent pour la prononciation avec *ch* guttural, comme aujourd'hui en hollandais.

C'est cette même syllabe, avec ses formes variées, qui entre dans la composition d'un grand nombre de noms propres d'hommes ou de femmes qui se rencontrent dans l'histoire des peuples du Nord, et dont quelques-uns, importés par la conquête, se sont perpétués en France. On peut citer entre autres ceux qui suivent, et auxquels on va donner, d'un côté, leur figure primitive; de l'autre, leur forme française et leur explication étymologique :

Haldbrecht, hhaldbrecht, chaldbrecht, galdbrecht.
Hældbrecht, hhældbrecht, chaelbrecht, chaldbrecht.

Hildbrecht, hhildbrecht, haeldbrecht, haldbrecht.

Holdbrecht, hholdbrecht, hoeldbrecht, haldbrecht.

Explication : *Hald, Hild,* etc., grâce, bienveillance ; *Brecht, Braecht,* éclat, splendeur, beauté. Mot à mot : Eclat de la grâce, c'est-à-dire qui brille par la grâce, la bienveillance.

Nous l'avons changé, en français, en *Haldbert, Hauldbert* ou *Haudebert; Gaudebert, Gaubert; Heldbert, Heuldbert, Heudebert* ou *Haudibert; Hildbert* ou *Childebert ; Gildebert, Gillibert* ou *Gilbert; Holdebert, Houldebert* ou *Houdebert.*

Haldrich, Hhaldrich, Chaldrich, Galdrich, Hildrich, Childerich, Holdrich, etc.

Explication : *Hald, Hild, Hold, Haeld,* grâce ; *Rich, Reich, Ryk,* riche, qui possède en grande quantité. Mot à mot : Riche de grâce ou très-gracieux.

En français, ces noms divers sont devenus : *Haldéric, Haldric, Haldry, Hauldric, Haudry, Chaudry, Gaudry, Heldric, Heldry, Heudry, Hilderic, Childeric, Holdric, Holdry, Houldry, Houdry, Choudry.*

Hildhart, Hildhhart, Hildchart, Hildgart.

Explication : *Hild,* grâce ; *Hart,* cœur ou caractère. Mot à mot : Cœur de grâce, c'est-à-dire gracieux, d'un caractère aimable. En français *Hildegarde.*

Maithild, Maethild, Mathild, etc.

Explication : *Mait, Mœt,* fille, vierge ; *Hild,* grâce, c'està-dire grâce ou beauté virginale. *Mathilde* en français.

Berthild, Berthald, Berthold.

Explication : *Bert, Berht* ou *Brcht, Brecht,* éclat, beauté ; *Hild, Hald, Hold,* grâce. Mot à mot : Grâce de beauté, c'està-dire beauté gracieuse. En français : *Berthilde, Berthald, Berthauld, Berthaud, Berthold, Berthould, Berthoud.* C'est, par transposition, le synonyme de *Hildbrecht* ou *Hildberht.*

Richhild, Richhald, Richhold, etc., etc.

Explication : *Rich, Reich,* riche ; *Hild, Hald, Hold,* grâce, riche de grâce. C'est le synonyme, en inversion, de *Hildrich.*
En français : *Richilde, Richauld, Ricauld, Rigault,* etc.

Lauthild, Lhauthild ou Hlauthild, Hhlauthild, Chauthild, Chlothild.

Explication : *Lawt, Hlawt,* brillamment, grandement ; *Hild,* gracieux. En français, *Clotilde.*

Rechenhald, Rechenhold, Regenhald, Regenhold, Reyenhald, Reyenhold, Reynhald, Reynhold.

Explication : *Rechen, Rechen, Reggen, Regen, Reyen,* chevavalier, guerrier, héros ; *Hald, Hold,* grâce, beauté. Mot à mot : Grâce ou beauté de guerrier.

En français : *Reginald, Regnald, Regnauld, Raygnaud, Reygnaud, Reynaud, Renaud.*

Haldbrand, Haeldbrand, Hildbrand, Hhildbrand, Childbrand.

Explication : *Hald, Haeld, Hild,* grâce, beauté ; *Brand,* feu, éclat, lueur, brillant. C'est-à-dire qui est brillant de grâce.

En français : *Childebrand, Haldobrand, Haudriband, Heudibrand.*

Pour abréger enfin, on citera seulement comme contenant le même radical, le nom de *holdus,* en latin barbare, dont nous avons fait *Houd, Houde,* et les diminutifs *Houdeau, Houdel, Houdel,* (Arnhold en teutonique) ; *Brunehauld* (Braunhold, en teuton) ; *Richauld* (Reichhald) ; *Hildegonde* (Hildkund) ; *Bathilde, Herménégilde, Hildefonse, Haldefonse, Alfonse.*

Le mot de *Hold,* qui se retrouve plus ou moins modifié (*Hold, Huld, Hyld*) dans l'allemand, le suédois et le danois, parait entièrement perdu dans le quatrième des dialectes d'origine teutonique les plus connus, le hollandais ou le bas allemand. — Suivant le génie de la langue, il devrait s'y transformer en *houd, houde*. En ajoutant à ce dernier la terminaison *eke, eken,* qui est le signe consacré des diminutifs en bas allemand, en hollandais ou en flamand, on aurait le nom de *houdeke, houdekke, houdeken, houdekken,* dont *hodeken* n'est certainement qu'une corruption. On peut donc regarder *hodeken* comme étant de tout point la même personne que *holde* ou *holdchen,* comme on la nommerait en allemand, en ajoutant à son nom la terminaison diminutive *chen,* qui correspond, dans cette langue, à *ken,* dans les dialectes précités.

TABLE

	pages
Préface.	
La Bonne Sœur ou les Sept Corbeaux.	1
Le Fidèle Jehan.	15
Les Follets et le Savetier.	45
La Lumière bleue.	55
La Trempe miraculeuse.	73
Jean et Margot. — Chapitre Ier.	89
— Chapitre II	103
— Chapitre III.	111
— Chapitre IV.	125
Pierre le Chevrier.	137
La Salade.	161
La Souris, l'Oiseau et la Saucisse.	183
La Fille de basse-cour.	197
La Fontaine de Jouvence.	219
Dame Holle. — Chapitre Ier.	259
— Chapitre II.	269
— Chapitre III.	285

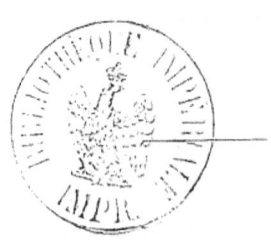

EN VENTE A LA MÊME LIBRAIRIE

LES
AVENTURES DU CHEVALIER JAUFFRE
ET DE
LA BELLE BRUNISSENDE
TRADUITES
PAR MARY LAFON

Ouvrage splendidement illustré de 20 gravures sur bois, tirées à part et dessinées par Gustave Doré.

UN VOLUME BROCHÉ GRAND IN-8° JÉSUS, PAPIER GLACÉ, SATINÉ : 7 FR. 50 c.

Reliure toile mosaïque, riche plaque spéciale, tranche dorée . . . . 5 fr. | Reliure demi-chagrin, plats en toile, tranche dorée . . . . 4 fr.

LA CHASSE AU LION
Par JULES GÉRARD
LE TUEUR DE LIONS

Ouvrage orné de 11 belles gravures et d'un portrait dessinés par Gustave Doré.

UN VOLUME BROCHÉ GRAND IN-8° JÉSUS, PAPIER GLACÉ, SATINÉ : 7 FR. 50 c.

Reliure toile mosaïque, riche plaque spéciale, tranche dorée . . . . 5 fr. | Reliure demi-chagrin, plats en toile, tranche dorée . . . . 4 fr.

CONTES D'UNE VIEILLE FILLE A SES NEVEUX
PAR
Mme ÉMILE DE GIRARDIN

Ouvrage orné de 15 belles gravures sur bois, tirées à part et dessinées par Fath.

UN VOLUME BROCHÉ GRAND IN-8° JÉSUS, PAPIER GLACÉ, SATINÉ : 7 FR. 50 c.

Reliure toile mosaïque, riche plaque spéciale, tranche dorée . . . . 5 fr. | Reliure demi-chagrin, plats en toile, tranche dorée . . . . 4 fr.

SCÈNES DU JEUNE AGE
PAR
MADAME SOPHIE GAY

Ouvrage illustré de 10 belles gravures sur bois tirées à part et dessinées par Fath.

Un volume broché grand in-8 jésus, papier glacé, satiné : 7 fr. 50 c.

Reliure toile mosaïque, riche plaque spéciale, tranche dorée . . . . 5 fr. | Reliure demi-chagrin, plats en toile, tranche dorée . . . . 4 fr.

LE ROYAUME DES ENFANTS
SCÈNES DE LA VIE DE FAMILLE
Par Mme MOLINOS-LAFITTE

Auteur de *Contes et récits*

Ouvrage illustré de 12 belles gravures tirées à part et dessinées par Fath.

Un volume broché grand in-8° jésus, papier glacé, satiné : 7 fr. 50 c.

Reliure toile mosaïque, riche plaque spéciale, tranche dorée . . . . 5 fr. | Reliure demi-chagrin, plats en toile, tranche dorée . . . . 4 fr.

ŒUVRES NOUVELLES DE GAVARNI
52 MAGNIFIQUES ALBUMS IN-FOLIO LITHOGRAPHIÉS
IMPRIMÉS AVEC LE PLUS GRAND SOIN PAR LEMERCIER
PRIX DE L'ALBUM BROCHÉ : 4 FR.

Paris. — Imprimerie de la LIBRAIRIE NOUVELLE, Bourdilliat, 15, rue Bréda.

www.ingramcontent.com/pod-product-compliance
Lightning Source LLC
Chambersburg PA
CBHW070434170426
43201CB00010B/1089